学习前人经验不是懒惰，更不是投机取巧，
而是从过去的失败中提取有用的教训，从前人的经验中获得有益的启迪

实践的力量

从工作中来 用到工作中去

李承军◎编著

借鉴前人智慧，指导自我工作，事半功倍！

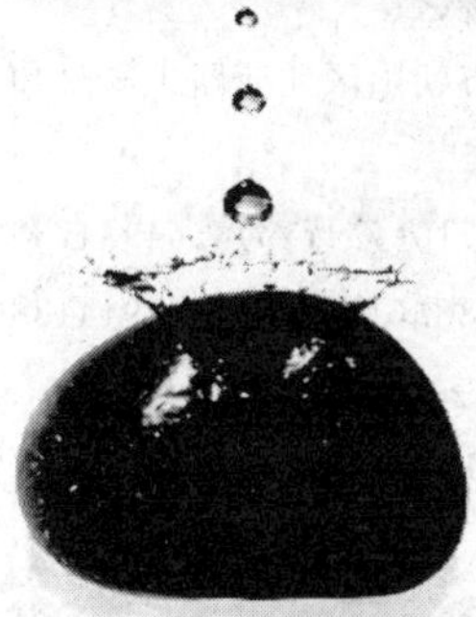

在工作中感悟，在感悟中提升，聆听他们的心声，学习他们的经验，我们得到体会：
经验包含着珍贵的学问，世界上没有比成功经验更可贵的事情。

正确的工作方法是这样的：吸取你的前辈所做的一切，然后再往前走。

中国言实出版社

图书在版编目(CIP)数据

实践的力量:从工作中来,用到工作中去/李承军编著.
—北京:中国言实出版社,2012.1
ISBN 978-7-80250-666-4

Ⅰ.①实…
Ⅱ.①李…
Ⅲ.①工作方法-通俗读物
Ⅳ.①B026-49

中国版本图书馆 CIP 数据核字(2011)第 235961 号

出版发行 中国言实出版社
地　址:北京市朝阳区北苑路 180 号加利大厦 5 号楼 105 室
邮　编:100101
电　话:64924716(发行部)　64924735(邮　购)
64924880(总编室)　64914138(四编部)
网　址:www.zgyscbs.cn
E-mail:zgyscbs@263.net

经　　销 新华书店
印　　刷 北京绿谷春印刷有限公司
版　　次 2012 年 2 月第 1 版　2012 年 2 月第 1 次印刷
规　　格 710 毫米×1000 毫米　1/16　14 印张
字　　数 175 千字
定　　价 32.00 元　ISBN 978-7-80250-666-4/B·257

前言

为什么有的人在工作中如鱼得水，屡创佳绩？而有的人在工作中唉声叹气，进退维谷？在市场竞争日益激烈、求职越来越困难、工作压力不断增大的今天，掌握正确的工作智慧，才能掌握步步领先的制胜先机。职场中风云变化，需要斗智斗勇。求职需要运筹，化解职场矛盾需要智慧，而面对读者如何找到一份称心如意的工作？如何提升自己的竞争实力从而更容易升职？如何避免陷入人事关系复杂的职场陷阱？如何应对高要求高标准的上司？如何和个性十足的同事相处？如何提高工作效率？如何提升职业形象？如何塑造自己的职业精神从而成为职场的常胜将军？如何在职场中忙中偷闲的快速地更新知识？如何保持积极乐观的阳光心态？如何平衡工作和健康的关系？……这一大串现实问题时，每一个职场中人需深思熟虑。

职场生存靠的不是学历，不是证书，职场如同战场，这里有属于它自己的生存法则。要想在竞争激烈的职场进退自如、出奇制胜，就要借鉴学习前人的经验，知晓生存门道，通晓其中机关——所有从工作中来的常识、智慧、道理、技巧、经验、规则，等等。常言道，“家家有本难念的经”，“工作心经”也不易念。但方法总比问题多，遇到困难或者面临困境的时候，灵活运用“从工作中来”的经验，然后运用到“工作中去”，就可以帮助自己及早顺利渡过难关。

本书从职场人际关系、晋升要点及形象和礼仪等员工普遍“头大”的重要问题谈起，对职场一些真实案例进行了仔细分析和解构，并将一些行之有效的经验和教训总结出来，并给予了简便实用的技巧和忠告，在不知不觉中，帮助读者完成一次对工作、事业和人生的反思，并从中悟到可以运用到工作中去的智慧，点拨读者深刻理解职场中必须知晓的禁区和法则，熟知职场奋斗的决胜秘笈，提供最简洁实用的实践方法。掌握这些从工作中总结出来的常识、智慧、道理、技巧、经验、规则，等等，有助于读者轻松地在职场中进退有序、游刃有余，成为职场中的“常青树”。

是的，工作和生活一样，幻想并画出一张路线图是如此简单，走起来却那么艰辛，我们可能在某些套路、拐角处不小心跌倒，从而延误整段旅程。那么就请把本书中从工作中来的智慧正确运用到工作中去，如此，这本书必然会成为您职场旅程的指南，成为您工作前进道路上的铺路石，成为您职场成功的指路明灯，帮助您在人才济济的职场中脱颖而出，成为工作中的熟手、智者和胜者！

目 录 Contents

第一章 与上司相处有学问

与上司相处是否有技巧存在呢？答案是肯定的，否则，为什么有些员工在上司面前很走红，有些员工却一点也不吃香呢？有人说，成功学其实就是一部人际关系学。与上司相处的学问不能不学。

第二章 和同事相处有技巧

人际关系对事业的发展有极大帮助，无论公司的制度有多完善，亦需要所有同事配合。和睦的工作环境，同事间亲和融洽，上下一心，必然会让事情更顺利，更能做出成绩。所以，同事关系不可忽视。

第三章　晋职加薪有秘密

职场员工"想晋升"、"想加薪"的心理无可厚非,相反还有利于激励人们积极上进,努力争先,从而推动工作和事业不断取得进步。但晋职加薪有学问。

第四章　好形象才有好前途

很多人以为,在职场我凭能力就可以了,职场又不是选美场,更不是交际场,讲究什么形象和礼仪?这样的员工可是要注意了:如果不能改变这样的观念,你将永远不会有大的作为!

第五章 好礼仪赢得好人缘

有“礼”走遍天下,无“礼”寸步难行。不管是职场、官场还是生意场、交际场,礼仪都是拥有好人缘的“金钥匙”。良好的礼仪对于建立和谐的人际关系、工作的进展、事业的成功都有着至关重要的作用。行走职场,一定不能忘了礼仪!

第六章 需要牢记的职场忠告

埋头苦干、一步一步奋斗、中规中矩努力并不能保证工作中不出差错。成功更是等不及你翻一次又一次的跟头。要想成就梦想,少走许多弯路,比一味傻干更重要。

实践的力量

附　录

第一章

与上司相处有学问

与上司相处是否有技巧存在呢？答案是肯定的，否则，为什么有些员工在上司面前很走红，有些员工却一点也不吃香呢？有人说，成功学其实就是一部人际关系学。与上司相处的学问不能不学。

1 任何时候都不要忘记尊重上司

作为下属,你的重要性不在于你总是与上司的意见一致,恰恰相反,你看问题若能与上司角度不同,甚至面对新问题你得出的推理与上司完全相反,从而促成上司作出更为正确的决策,你才堪为上司的好帮手;作为下属你也不要对上司求全责备,这同样需要多一分宽容、多一点耐心,不要计较上司对你的呵斥,不管上司能力比你差还是比你强,不管上司是对还是错,都一定要记得尊重上司。

任何一个上司(包括部门主管、项目经理、管理代表),干到这个职位上,至少有某些过人之处。他们丰富的工作经验和待人处世的方略,都是值得我们学习借鉴的,我们应该尊重他们精彩的过去和骄人的业绩。

但每一个上司都不是完美的。因此,在工作中,唯命是从并无必要,只是要记住,给上司提意见只是本职工作中的一小部分,尽力完善、改进、迈向新的台阶才是最终目的。

要让上司心悦诚服地接纳你的观点,应在尊重对方的前提下,有礼有节有分寸地磨合。在提出质疑和意见前,一定要拿出详细的足以说服对方的资料计划,不可以对上司指手画脚、说三道四。这些,都是需要职场人谨守的规则。

马明的顶头上司很喜欢他,入职不久就渐渐开始放手让他做一些和市场部合作的小项目,而马明却有些自信心膨胀。虽然是刚入职的职场"菜鸟",却总以为自己有骨气,从不对上司低声下气,结果在与市场部合作时就与那个傲慢的市场总监吵起来了。市场总监给出一个很空洞的市场概念,让我们技术部门帮他从产品上实现,还说了一大堆听上去完美,但实际上做到明年都做不完的计划。开始几次会就开得很不愉快。最后一次马明忍不住吵了起来，直截了当地说："这样做不行，根本不现实！"市场总监也大嚷道："马明，你话太多了！"马明气呼呼地大声说："那好，我做两件事：闭……嘴！"他"啪"地合上笔记本电脑，摔门走了。两个人都生了一肚子气，市场总监气哼哼地直奔马明的顶头上司的办公室告状。

顶头上司把市场总监送走，招呼马明去他的办公室。马明进去就大倒苦水："在我眼里，他没有一点项目的概念。项目首先是要确定项目范围。如果范围不确定，只是空中楼阁。"上司笑笑说："别生气。我想知道你对这个项目的想法。"马明把自己对那个市场概念的解读告诉了他，然后说："做项目不能摊大饼，什么都想做，不但要 work hard(努力工作)，更要 work smart(聪明工作)。"

"你说说怎么 smart(聪明)?"

马明更神气地说："中文里我们有鱼(fish)和渔(fishing)的区别。很多时候，我们都在用手拼命地抓鱼，很费力，但收效甚微。但如果我们能静下心，往深处想想，发明些捕鱼的工具该多好。另外，还应该有个方法，找到最容易突破的地方集中火力。如果东搞搞、西搞搞，最后就成了小猫钓鱼，瞎忙活一阵，什么收获都没有。所以，这个项目，我们应该从更高一层的技术层面找到突破口，而不是这么眉毛胡子一把抓。"

"你有这么多好想法，为什么没交流好?"上司还是淡淡地。

马明气不打一处来，"他以为自己是个总监，仗势欺人，不可理喻！有本事，让他自己一个人干去！"

"不是，是他没明白你的想法。回去想想，告诉我怎么让他接受你的想法。"上司制止了他，口气相当严重地说："最重要的是，先想想怎样尊重他的位置、尊重他的想法！"

马明一时间有些失措地看着上司，上司却理都不理他了。

无论何时尊重他人都是一种美德，在职场中尊重上司更是员工必备的素质之一。因为他是上司，所以你要尊重他，更因为他从你这里得到了尊重，你会给他留下一个好的印象。

实际上，没有特殊的原因，没有哪个员工不想尊重上司。可是，有时候你还是不经意让上司觉得不受尊重。给上司留下这样的印象,上司对你的评价就大打折扣了,与之相关的诸如“傲慢”、“狂妄”等贬义的字眼就会蹦到你头上。这样的评价势必对你的职场发展产生不良的影响,往往会在关键时刻作为借口毁掉你唾手可得的机会。

怎样尊重上司呢?

(1)认真对待上司的每项指令

员工面对上司发号施令的时候,一般都要表现出严肃的表情,并停止手头上的工作,保持安静,如果再平和地看着上司,显得非常重视上司的讲话,更会让上司觉得备受尊重。在上司慷慨陈词的时候你偷着做小动作,或者依然忙着工作,就是不尊重上司的表现。上司看在眼里,气在心里,要么立即批评你,要么事后“修理”你。这个现象学生在课堂上一般都会见识甚至领教过,所以员工在上司发号施令的时候一般都会注意,不会犯这个低级错误。

有些时候,上司给你安排不重要的任务,你可能会不自觉地流露出轻视的表情,甚至是一副爱理不理的样子。这与你在接受重要的任务时表现出来的严肃、热切关注的表情形成鲜明的对比。你的态度会让上司觉得很不舒服,虽然你针对的是工作,可上司会觉得你不尊重他。你很有可能在无意之中就已经把上司得罪了。

刘建明是一所名牌大学的高才生,一进公司就被公司列为重点培养对象。他对工作也充满了激情,经常自觉到公司加班攻克技术难题,并做出了让人刮目相看的成绩。他的同事都认为,刘建明是年轻员工中最有可能得到晋升的一个。

一次,主管给刘建明安排任务,让他画一份统计图表。这项工作一般是由另一个同事做的,那人请假了。刘建明认为,这样无关紧要的工作,怎么也轮不到让他去做,便满不在乎地说:“我以为是什么技术难题呢!等我忙完手头上的活再干吧。”于是他勉强地接受了任务,但是没有立即着手去完成。后来主管催了一次,他才把图表草草完成。

在整个过程中,主管一直脸色阴沉,但刘建明却还没意识到自己的行为让主管感到极不受尊重，也没意识到他把主管得罪了。年底时，原本被看好的刘建明并没有获得晋升，因为主管对他的评价是“狂妄、轻浮、傲慢”。

上司的每项指令都应该认真对待，无论上司让你做什么，你的表情都应该是一致的，都要表现出严肃、认真、虚心的态度。甚至越是无关紧要的任务，越要表现出重视，这会让上司感觉到备受尊重。

(2)任何时候都不忘记尊重上司

在公司里，员工对上司表现出适当的尊重就足够了，如:见面问声好，请示汇报的口气要柔和，等等。如果表现过分，反而有表演之嫌，就会让人反感。在公共场合或在公众面前，表现不妨夸张一些，让上司觉得更有亲和力。

如在公众场合，遇见上司立即向上司问好，一定要面带微笑，声音要清晰洪亮，而不是像在公司里那样让上司听到就行。交谈的时候你甚至可以打手势，让上司感受到你的热情。

最重要的是要记得替上司解围，不让上司出丑。千万不能有看笑话的心理，而是要赶紧想办法给上司解围。比如，上司讲错话，有人忍不住哄笑的时候，你不要跟着笑，你可以提醒上司，让他自行改正;如果是非正式的场合，你还可以接过上司的话头，转移听众对上司的注意力。

在别人面前向上司表示尊重，上司感受到的效果比你俩单独在一起时要强许多倍。所以你在向上司表示尊重时，要有意识地选择时机，让更多的人看到。

(3)学会适时向上司道歉

当你意识到自己不经意的举动让上司觉得不受尊重时，你要主动找上司道歉，请求上司的原谅。这也是对上司的一种尊重。上司一般会说“没什么”，从而冰释前嫌。如果他还记恨着你，就显得他太小肚鸡肠了。没有一个上司甘愿让下属看不起。

一定不要在公众场合向上司道歉。因为如果你不是故意不尊重上司，甚至胸怀宽广的上司对你的行为并不在乎，那么在别人面前向上司道歉，反而会让人觉得上司没肚量，这会让上司觉得尴尬。再者，对你来说这也不是什么光明正大的事，毕竟是你的行为方式欠妥当，这会让同事觉得你不成熟。

道歉时一定要显得诚恳，比如："刚才我脑子很乱，我有什么不对的地方，请您原谅。""昨天您安排我任务时，是我的态度不对，我特意向您道歉。"

(4)不要代替上司做决定，要引导他说出你的决定

上司就是上司，上司有上司的权威，任何时候不管上司如何信任你，也不可轻易替上司做决定。因为决定权就在上司那里，越权就是对上司的不尊重。

在工作中，老板是"头"，要被老板赏识，首先要真心实意地把老板当成老板，把决策权交给老板。让老板做主是维护老板权威的要诀。无论什么时候，如果老板没有授予你定夺的权力，你就要做到多请示、勤汇报，不要越权替老板决定任何事情。虽然请示可能会增加一些程序上的麻烦，但是却能确保你的思路符合公司的总方向。更为关键的是，它能让老板更加赏识你，器重你。

周国明是一家服装厂的业务员，因为业务能力强，心思又很周到，经常得到经理的表扬。周国明在厂里的时间也不短了，对厂里的事情也很熟悉。所以，每次周国明出差时，经理都会交代一句："有什么项目，你自己做主定下来就行了，不用都请示我。"

这一次出差，周国明还真是遇到了一个问题。他跟一家大酒店的马经理洽谈一批服装订购的问题，在价格和数量上都已经谈妥，但是这时候马经理还提出了一个附加性的小要求。他有个亲戚刚开了一家饭店，还没来得及给员工订制工作服，这次希望马经理能顺便帮自己订购一批，并希望能以最低的批发价成交。

根据周国明的销售经验，马经理是一个难得的客户，这么大的一宗生意，要努力争取。但是，销售部有规定，只对大宗生意才以最低批发价供货、马经理自己谈的那笔生意符合交易范围，但是附带的那批小数量的工

作服，却并不在享受优惠之列。虽然是属于同一个客户，但是周国明厂里对不同的订购量，有不同的价格规定。这种小数量的工作服订制，要耗费更多的时间和劳动力去整理货物和装箱，价格上一般不能太低折扣。

周国明非常想拉上马经理这个业务，这样，既可以谈成一宗大生意，也可以发展一个老客户。他想到经理跟他说的“自己做主”的话，便想一口气把合同签下来。至于那批小生意，他认为回厂后单独跟生产车间打声招呼就行了。

但是周国明是一个办事情想问题都非常周到的人，毕竟这属于老板责任范围内的事情，需要老板点头才行的。自己就这样“做主”了，心里还是觉得不踏实。他想起几个月前，另一位同事因为私自把服装订购价提高了两毛钱，虽然为厂里带来了更多的利润，却被经理数落了一顿的事。周国明决定，还是请示老板，让老板来做主最为妥当。

于是，在签合同之前，他特意打电话给经理，向经理汇报了自己遇到的问题，并特别请示经理该怎么定夺。经理听到周国明特意打电话来询问，又考虑到这个大客户很难得，非常爽快地听从了周国明的建议，答应了马经理的要求，并客气地说：“这样的事，你做主就可以了嘛！”周国明也客气地回答：“还是您决定了我心里才踏实。”

合同签订以后，经理亲自打电话给车间讲明了情况，要求车间予以配合，事情进展得非常顺利。周国明心想，如果自己当时私自做主，要以一个普通业务员的身份去请生产车间帮忙，不知道还要添多少麻烦。

后来，在当月的工作总结会上，经理点名表扬了周国明，说他不但业务做得好，而且能随时把一线的需求传递给厂里，让老板知道客户的需要，做事情很有条理，是公司的好员工。

有时候，虽然下属对自己的判断有很大的把握，但是仍然不能越俎代庖，私自做主。对于老板来说，一个不能干却忠实的员工，远比一个能干却自作主张的员工更值得信赖。后者虽然可能挽回一次损失，却可能留下长期冒犯老板权威的隐患，老板对于这种员工，总是很难接受的。

职场中，上下级关系非常明确，正因为有严格的职责分工，所以才能秩序井然，有条不紊。每个人各司其职，才能保证工作按部就班地完成。但是，在现实工作中，有很多时候老板并不在第一线，他对很多事情并不是很熟悉，也不可能作出精当也明确的指导。这时候，你可以向上司报告并给出一个明确的建议，引导上司说出你想要的结果，但是，请务必记住，决定权一定还在上司那里，这才是最聪明的做法。

上司权利范围内的事当然由上司说了算。上司没有给你授权的事你就得随时请示上司，这才是对上司的尊重。不经过老板或上司，擅自做主，不论事情做得多圆满，在上司的心里，却总是有那么一点不满。所以，职场一定要记得时时请示，把尊重上司和老板放在第一位，才能保证自己做任何事情时都能顺风顺水，一路畅通。

2 不可和上司唱反调

无论你与上司关系如何，但你要时刻记住：上司永远是上司，如果你想让自己有较好的发展前途，千万不可违背上司的指令，尤其是在外界力量与上司发生冲突时，你必须坚定地站在自己上司这一边，与上司保持同步，而不是和上司唱反调。

与上司交谈时，尤其在正式的场合谈论工作上的问题，不要贸然提出与上司不同的意见。因为这容易被上司看成公然挑战他的权威；更不要坚持己见，据理力争。唱反调已经引起上司的不悦了，再非要分出个谁是谁非，那无异于火上浇油、雪上加霜。

杨易是一家公司市场部的统计，因为毕业于一所著名大学的营销专业，所以好在公众场合炫耀自己的学识。一次，市场部总监召开营销人员会议，部署下一步的营销工作。杨易列席参加会议。总监让杨易参加会议的目的，是让他了解市场工作，没想到总监宣读完一份销售方案后，让大家发表意见，杨易却第一个站出来唱反调。杨易引经据典，说得头头是道，让大家一下子看到了方案的不可执行性。其实，总监的意图是放弃那些业绩差没潜力的市场，而主张把主要精力投放到那些有潜力的市场。总监阐述完制订方案的指导思想后，杨易又跟总监争论起来。最后，方案自然以总监拟定的为准。

除了杨易，别人都没提什么反对意见，只是说了一些表决心的话，如一定好好执行新方案，力争做出更大的业绩，等等。这更衬托出杨易的桀骜不驯。

没过几天，总监找杨易谈话，让他到一个业绩差的办事处工作。杨易曾私下管去那个地方工作叫“发配”，没想到自己要被“发配”了。况且，按照新方案，那个办事处很可能要被撤销。为什么还要派自己去呢？杨易向总监说出了自己的困惑。

总监说：“你有很强的营销能力，在统计岗位上根本发挥不出来，派你去，是让你改变那里的局面。相信你会取得好的业绩的。”

杨易又不情愿地找到老板，他没想到老板说的话跟总监对他说的话一模一样，显然他们早沟通好了。老板给高帽戴，杨易只好同意。

同事问杨易公司为什么派他去，杨易还炫耀说：“让我去改变那里的局面。”同事心中暗笑，那只不过是老板的借口罢了，下一步办事处如被撤销，杨易恐怕也要跟着被裁掉了。

果然，不久办事处被撤销，杨易也被裁掉了。

聪明的员工是不会和上司唱反调的，而是附和上司的意见。就算真的发现上司的意见不合理，也不会当面直言，而是私下里交流。这样既可以畅所欲言地发表你的观点和看法，使你的有益的意见让上司听进去，又可以为上司留足面子，不伤和气。

在中国人的观念里，领导在发言的时候一般是不容许有人打断的，特别是对他的话提出相反意见的打断，那更是大忌。除非你的职位比他的高，可以帮他及时更正。所以，就算上司说的话错之又错，作为下属，也没有资格打断上司的话，并提出相反的意见来。

职场上如果你跟上司交谈时也率性而为,只顾着阐述自己的观点,而不管上司的感受,那很容易就把上司得罪了,让上司抓住把柄。城府深的上司当时并不表现出来,过后找个借口,就会让你“生不如死”。

无论在正式的场合,还是非正式场合,随便打断上司的讲话,都会被好面子的上司认为你不尊重他。中国官场有句话,官大半级压死人。在职场同样如此。上司认为,他的身份地位高,在讲话时就应该具有优越性,就不应该被下属随便打断。你随便打断他,就是无视他的权威,就是不尊重他,就是不给他面子。

初入职场的新人,往往容易犯这个错误。在学校里,“民主”的气氛相对浓厚一些,大家有较强的自我意识。踏入职场,新人身上“自由”的分子一时消除不干净,就忍不住冲动,好表现自己。当上司讲错话时,就挺身而出,打断上司的讲话,指出上司的错误,并扬扬自得地给予纠正。或者自己有更先进的观点和更好的创意,就迫不及待地打断上司,阐述自己的观点。小心眼的上司被你这一搅和,自然心中大为不悦,过后给你小鞋穿,也就在情理之中了。

王涛如履薄冰一般通过了一轮又一轮的考试,终于如愿进了一家著名的IT公司。按照公司规定,新员工要参加为期一周的培训,主要是了解公司文化、熟悉公司规章制度等。第一天,公司人力资源部总监亲自来授课,点名时一疏忽,将一个人的姓名念错了。这个人是王涛的同学,姓名比较生僻,经常被读错,也习以为常了,所以他含糊地应了一声。总监正想继续点名,王涛却笑着说:“错了,错了!”总监愣住了。王涛纠正完毕,除了总监,在座的员工都忍不住笑了。

总监从此记住了王涛,当然是记恨王涛。分配时,别人都分到了比较重要的岗位上,王涛被总监“美言”了几句,被分配干公司的网络维护。这样无足轻重的岗位,干一辈子也不会干出什么成绩。王涛的专业跟软件开发相吻合,他也是奔着这样的岗位来的,于是他就去找老板,声明自己应聘的是软件开发岗位,要求调换岗位。

老板的答复是:对公司来讲,公司的每个岗位都是重要的。

王涛明白这是一个冠冕堂皇的借口，这时他才隐隐感到自己把人力资源部总监得罪了。

任何时候都不要和上司唱反调，而应当与上司保持同步。那么如何做到与上司保持步调一致呢？

(1)作息基本一致

要尽量使自己的工作习惯与上司一致。假如上司每天9点前总给你几份文件，那你该提早5～10分钟抵达办公室，配合他的步伐。若上司习惯10点才开始工作，你就要避免过早地与他谈论公事。

(2)要随时向上司汇报情况

上司对下属工作情况的了解有多有少，这主要取决于上司的性格、当时的具体环境和上司对下属的信任程度。但在一般情况下，上司通常都不仅仅满足于下属提供的那点情况，而下属则认为上司比他了解的情况还多。

(3)为人处世要令人觉得诚实可靠

最能伤害上司和损害上下级关系的莫过于下属行事不可靠，工作令人信不过。没有人愿意让别人认为他靠不住，但许多人由于疏忽大意，或拿不准究竟上司认为哪些工作最重要，他们表现出来的恰恰就是一副让人信不过的样子。

(4)要有选择地利用上司的时间和资源

浪费上司的时间和精力的下属，就像行事不可靠的下属一样，其做法也会破坏良好的上下级关系。因此，常识告诉我们，应该有选择地利用上司的时间资源。虽然大家都明白这个道理，然而令人吃惊的是：实际上许多人竟然占用上司的时间去讨论一些鸡毛蒜皮的小事。这些人根本没有想到这样做会有什么后果。要保持与上司的良好关系，做到与上司步调一致，最关键的一点就是要肯下工夫。

任何上司都喜欢对自己忠诚的员工，所以你要随时随地抓住机会表示你永远站在他这一边，以你的态度说明一个事实：我是你的好朋友，更是你忠诚的下属，我会尽己所能支持你！时刻与上司保持步调一致的人，永远都是一个企业里最受领导欢迎的员工。

3 和上司说话要有分寸

与上司交谈，无论聊天还是谈论工作，都要把握好分寸，不可无所顾忌，想到哪里说到哪里，而不顾及上司的感受。

俗话说："出门观天色，进门观颜色。"与上司说话时，更需要我们学会察言观色，随时观察和注意上司的变化，再决定我们说话的分寸。这也是与上司相处的一门艺术。

饭不可乱吃，话更不可乱说。说话说错，补都补不回来，特别是和你的上司说话，更是要特别注意分寸了。

小刘刚到一家公司任职，上班不到一个月，就发现原来自己的顶头上司的工作挺简单的。

有一天，当上司正因为一项任务愁得要命时，小刘主动请缨："主管，这件事太简单了，我在学校经常接触这方面的东西。"

说完这话后，小刘本以为上司会对自己大加赞赏，没想到主管冷冷地抛过来一句"是吗？我倒没发现原来你这么能干"，然后拂袖而去，留下小刘一个人半天也没回过神来。

其实作为下属，如果能积极主动地与领导交谈，并帮他分担工作中的一些难题，就能够渐渐地消除一些隔阂，与上司融洽相处。但是上司毕竟是上司，有时即便你是出于好意和上司交流自己的看法，也要注意说话的分寸，无论是提出问题还是汇报情况时都要多加小心，尤其是一些令上司不快的话，要引起特别注意。

比如随便对上司说"您辛苦了"就不太合适。说"您辛苦了"这句话，本来应该是上司对于下属表示慰问或犒劳时说的,如今反过来倒由下级对上级说,作用似乎不大妙。再比如“您的做法真让我感动”“经理决策果断,我很感动”就不太恰当了。尊重上司,应该说“佩服”。例如:“经理,我们都很佩服您的果断”这样就比较恰当。对上司的问题回答说“随便,都可以”也不合适,上司会认为他的下属感情冷漠,不懂礼节,对说过这句话的人,自然就看低了。也不要张口就对上司说“这事你不知道”或说“那事我知道”。“这件事你不知道”或“这事你不懂”,这样说,不但会对上司,就连对熟悉的朋友也会造成很大的伤害。对上司说这样的话,尤其不敬。还有如“太晚了”,这句话的意思是嫌上司动作太慢,以至于误事了。在上司听来,肯定认为你是在责备他。对上司说“不行是不是?没关系”,这话明摆着是对上司的不尊重,缺少敬意。

在上司分配工作任务时要勇敢接受,不要挑三拣四或是推三阻四。如“这事不好办”之类的话要少说。下属说“不好办”、“很困难”,这样直接地让上司下不来台,一方面显得自己在推卸责任,另一方面也显得上司没远见,让上司脸面上过不去。所以接受上司交代的任务时也不要说“好啊”、“可以啊”,而应当说“是”、“知道”,“是”、“知道”表示接受命令的意味,用在下属承领上司的命令时说比较合适。

和上司说话时也不能过度客气,那样反而会招致误解。小心谨慎,顾全大体没有错,但顾虑过多则不足取,容易遭人误解。应该善于察言观色,以落落大方的态度去应付,习惯成自然,对这类情况就可以应付自如了。要克服胆小怕事的心态,越是谨慎小心,反而容易出错,更容易被上司误认为你没有魄力,谨小慎微,不值得重用。

在上司面前说错了话,一旦觉察到了,应该就此打住,马上道歉。不要因害怕而回避,应面对事实,尽量避免伤害对方的人格和面子,不必要的辩解只会更糟。

虽然很多人都知道对上司不必一味地采用服从政策,但上司毕竟是上司,所以与他们说话时,把握住分寸很重要。可以参照以下几点:

(1)不该说的别说

所谓不该说的,就是上司忌讳和感到不悦的,比如上司的隐私、疮疤和一切能让他感到有失脸面的事。特别是跟上司聊天开玩笑的时候,更要注意。

(2)轮不到你就别说

韩非子曾说过,部属不能随便向上司进言,进言要慎重,否则会很危险。如:为官的经历不深,还没得到君主的信任时,如果竭力显示自己的才能,谋划成功也不会受赏,如果谋划失败反而会受到怀疑。在职场同样如此,如果你还没得到上司的信任,即使你的意见是正确的,上司也未必会采纳。相同的意见,由上司信任的人提出,上司就认为是正确的,并欣然接受。所以,在得到上司信任之前,最好不要随意向上司进言,因为你说了也白说,还可能引起上司的反感。

(3)说时要拐弯抹角

所谓拐弯抹角,就是不直率地说出你要说的话,先说别的话题,让上司感到你真正要说的话是为他好,当然,更重要的是保全上司的面子。西方有句谚语:“一滴蜜汁比五加仑胆汁更能吸引苍蝇。”说的也正是这个道理。

(4)提建议要有策略

于是建议时,多注意从正面有理有据地阐述你的见解。有民主要求,不如有民主素质,即要懂得尊重他人意见,尊重领导意见,这样,他才会承认你的才干。提建议的方式要因人而异。对领导个人的工作提建议时,尽可能谨慎一些,必须仔细研究上司的特点,研究他喜欢用什么方式接受下属的意见。大大咧咧的领导可用玩笑建议法,严肃的领导可用书面建议法,自尊心强的领导可用个别建议法,喜赞扬的领导可用寓建议于褒奖之中等。

有时候,完全保持沉默并不是最佳的选择。这时你可以说一些不痛不痒的“官方语言”,让上司觉得很舒服。

(5)切不可当面顶撞上司

批评上司时,必须照顾其面子,不要令人下不了台。进谏的方式很多,如动情法,寓规劝于褒奖之中,比喻法等等。

如果和上司太较真,不顾上司的面子,必然会闹得很僵,这会让双方都下不来台，对谁都没有好处，当然最不利的还是自己。为了争一口气大闹一场，气是争了，但之后呢？吵闹不能解决问题，反倒有可能使自己断送了职位，还是实际些吧！谁是谁非有时并不重要，即便是你对了而上司错了，也应当开动脑筋为上司寻找一个下台的台阶，无论如何，解决冲突的前提是合作！要真的你死我活地闹一场，或许心里是痛快了，但工作也会丢了，前途也会毁了。“史上最牛女秘书”的事件或许大家都还记得，它曾经轰动一时，但结果也是秘书丢了工作。

2006年，一封外企秘书给顶头上司“发飙”的电子邮件，在上海、北京、广州等城市知名外企中广泛传阅。包括微软、惠普、诺基亚、霍尼韦尔、通用、普华永道、三星等众多知名外企在内的许多职员阅读了这封邮件后，添上自己的评论，再转发给下一个读者。“雪球”越滚越大，“原始信件”以及层层转发的“附带信息”，十多张A4纸也打印不完。

4月7日晚上，EMC(全球网络信息存储领导厂商之一，总部设在美国)中国区总裁回办公室取东西。到门口才发现自己没带钥匙，而此时他的秘书已经下班。气呼呼的他在第二天凌晨1时13分给秘书发了一封措辞非常严厉且语气相当不客气的“谴责信”，这封信就成了后来一系列转发邮件的最初文本。

信的全文如下(原文为英文)：

丽贝卡(秘书的英文名)，这个礼拜二我刚告诉你，想东西、做事情不要想当然，今天晚上你就把我锁在门外，我要的东西都还在办公室里。问题就在于你以为我随身带了钥匙。从现在起，无论是午餐时段还是晚上下班后，你要跟你服务的每一名经理都确认无事后才能离开办公室，明白了吗？

这位总裁并不只把这封信发给了秘书一人，还同时抄送给了公司的4位同事。

两天后，秘书用中文给总裁回信，语气之强硬，措词之严厉，丝毫不输来信。在这封“发飙信”中，她声明了六点意见，大意为：锁门是为了安全；总裁有钥匙忘带是自己不对，不要把自己的错误转移到别人的身上；中午和晚上下班后是私人时间，总裁无权干涉；虽是上下级关系，但请总裁说话注意语气。

秘书把这封信连同总裁的原信抄送给了EMC中国区的所有员工，包括北京、成都、上海、广州等地。

虽然我们很难确定这封信是从哪里被传到其他公司的，但可以肯定的是，丽贝卡的这次大规模抄送直接导致了这封信在两个多星期的时间内被无数次转发。

在赞叹秘书"勇敢之举"的同时，大家也都议论纷纷："这个秘书肯定不想在那里干了。要不就是她之前已经受了太多的气了。"

很多员工表现出了难得的冷静："我觉得这个秘书的行为还有欠考虑的地方，并不是一定要脸红脖子粗才能表达自己的情绪，其实有很多方法可以用。"

可以想见，丽贝卡如果不主动走人，即使不被辞退，接下来的工作中也不会太好过。

聪明的人会装傻，谁是谁非不重要，好汉不吃眼前亏。针尖对麦芒在某些场合是一种耿直与正义的表现，而在与上司相处时则是一种失策的表现；糊涂时常为人不屑，但在特定情形下，则是一种明哲保身的良策。

谁都会顾及面子，真正拉下脸来之后，对谁都没有好处。所以，要与上司好好相处，就需要学会服从和顺从，不与上司唱反调，才能与上司保持良好的关系。

4 主动向上司汇报

汇报工作是常事，但如何汇报却大有学问。有些员工把向上司汇报工作看做是一件微不足道的事情，甚至与溜须拍马、阿谀奉承联系起来。他们认为只要出色地完成上司安排的任务，就万事大吉了。上司自然会看到他们的成果，自然会作出公正的判断。但实际上，他们往往得不到应有的重视，常与加薪和晋升的机会失之交臂。而有些员工喜欢独立完成工作，在执行的过程中几乎不跟上司沟通，结果常与上司的意图发生偏差，甚至造成严重失误，要么被公司解雇，要么赔偿损失。所以，汇报工作是很重要的。不仅仅是完成之后要汇报，在完成过程中更要时时记得请示和汇报，才能让上司更全面地了解你的工作进度和工作成果，及时得到上司的指点，使工作更接近于上司要求的方向。

所以，你一定要主动向上司汇报你的工作成果，如果你完成的是一件特别棘手的任务，更应该及时向上司汇报，让上司在分享喜悦的同时，了解你的工作能力和聪明才智，给上司留下深刻的印象。

如果你不主动向上司汇报你的成果，纵然做出了优异的成绩，也很难得到上司的重视。因为上司的工作千头万绪，一般不会平白无故地对某一项工作发生兴趣和给予更多的关注。况且，越是在优秀的团体里，每个人的能力都很出色，你的那点成绩就越容易被湮没掉。这样，你就很难脱颖而出。

一家销售企业的领导班子换届，营销中心渠道总监老张觉得的出头之日也就到了。因为新总裁上任伊始就对全公司反复说：不要没事总往领导身边跑，大家工作怎么样，要用结果说话。不是早请示、晚汇报就好，你们的岗位应在一线，而不是在领导身边。

这让不擅言谈的老张很是感动。以前由于“会做的不如会说的”，自己部门的工作一直得不到公正评价，此次新老板有了如此表态，看来无后顾之忧了。

在老张的带领下，这一年渠道部门在促销活动上屡有创新，全年破天荒地形成了5次销售高峰，销售大幅攀升，结束了连续4年的下滑颓势，年度增长超过30%，成绩有目共睹。

老张也曾发觉自己和新总裁对一些促销方案有不同想法，但凭借自己多年对市场的了解，他总是坚持自己的想法，而且经常是不请示也不汇报，先做出成果来。结果证明自己的决断没有错。

到了年底，论功行赏，老张却大惊失色：平时与总裁汇报多沟通多的那些总监，几乎都获得了提拔与重奖，有人还连升两级；而劳苦功高的渠道部人员却在原地踏步，连部门的年终奖也仅是公司平均数而已。

老板不是看结果的吗？怎么结果又不重要了？

老张面临的功大而赏薄实际上是一种危险信号。在老板心目中，结果固然重要，但过程也不可完全忽略，老张在过程中缺乏沟通，老板就会对他“功过相抵”，而最大的“过”，就是不请示、不汇报、擅作主张。

作为员工，汇报、请示，是必修课之一。员工在执行过程中，经常因为对上司的意图理解得不全面而使工作发生偏差，不仅劳而无功，而且还受批评。如果员工能向领导及时汇报、及时请示、及时沟通，就会避免这种事情的发生。主动向上司汇报工作进度，不仅会得到上司的支持和帮助，避免犯错或少犯错，而且还可由领导替你承担一定的责任。因为你执行的是上司的决定，即使有了错误，也不会完全由你一个人承担罪责。但是如果你不请示不汇报，自己做自己的，即使真的做出了很好的成绩，上司也不会从心里奖赏你，反倒觉得你不太服管，到头来，可能你就像老张一样，什么功劳都没有了。所以，不管大事小事，不管做得好做得坏，积极主动地向上司汇报，是赢得上司信任的好方法。

主动汇报不仅会让上司明白你的工作情况，以便全面掌控工作局面，而且也可以有效地让上司看到你的工作成果，并可以及时地得到上司的指点，有偏离的地方及时纠正，从而使你的工作一直保证在正确的路上行进。

员工在执行任务的过程中，经常因为对上司的意图理解得不全面而使工作发生偏差，导致劳而无功。主动汇报、及时请示，则可以有效、及时地纠正这偏差。

有一个销售员，奉命到×市开发五金市场。因为大客户竞争太激烈，他选择了一些小客户进行公关，想先占领小客户，再慢慢向大客户渗透。3个月后，经理来视察工作，他正喋喋不休地向经理说自己如何卖力，经理突然打断他的话说："你还记得公司的销售目标吗？"销售员回答说："一年后在×市的市场占有率要达到10%。"经理说："那就请你把精力放在开发大客户身上！"经理回到总公司后不久，这个销售员就被调离了。

如果销售员及时向经理汇报工作进度，就会避免这种事情的发生。

有时候，一项决策在执行过程中，会因为局势发生变化而不得不进行必要的调整。上司一般都会及时把调整后的方案通知执行的员工，但上司也有疏忽的时候，如果你经常向上司汇报工作进度，你就会及时得到消息，反之，你得到消息的时间就会被延缓，而在这段时间里，你所做的工作不但白费，甚至会给公司造成损失。

主动向上司汇报工作进度，还会得到上司的支持和帮助，上司会对你的工作进行指导，会提醒你哪些环节容易出现差错，这样就会使你避免犯错。我们在工作中经常遇到这样的情况，当你的工作出现失误的时候，上司在批评你时会说："如果能跟我沟通，你就不会犯这样的错误。"

如果给公司造成重大损失，老板追究上司的责任，上司就会把责任全推到你身上："他不跟我汇报，我什么也不知道。"要是你在执行过程中，经常向上司汇报工作进度，上司就没了推卸责任的借口，老板也就不会因此而对你进行处罚了。

向上司汇报工作，并不是想象中那么简单，以为只管找到上司陈述就可以了。它有一定的技巧，而掌握了汇报的技巧，会使你的工作锦上添花。

(1)开门见山，先说结论

一般来说，上司都很忙，没有时间听你的长篇大论。如果你的汇报过于冗长，很可能会引起上司的反感，这样就会得不偿失。所以你要先说结果，而不是去描述过程。比如："经理，我联系的那个香港大客户，已经顺利与我们签订合同了。"

(2)精炼地说

如果上司感兴趣,或者时间允许,你可以拣精彩的部分向上司陈述。比如:“我去那个港商下榻的酒店,一共去拜访了6次,那个港商终于被我的诚心感动了。”

(3)汇报要及时

汇报也具有时效性,及时的汇报才能发挥出最大的效力。当你完成了一件棘手的任务,或者解决了一个疑难问题的关键,这时马上找上司汇报效果最好,拖以时日再向上司汇报,上司可能已经失去对这件事情的兴趣,你的汇报也有画蛇添足之嫌。及时向上司汇报,还会使你与上司建立良好的互信关系,上司会自动对你的工作进行指导,帮助你尽善尽美地完成工作。

(4)琐碎的事不必一一汇报

琐碎的事不必一一向上级汇报或请示,可以在自己的权限之内,凭自己的判断,把事情处理得干净利落。对于权限之外的事,就不能拖拖拉拉,应该即刻向上级请示。

一位公务员,在远方执行任务时,发现情况远不像当初预料的那么简单,需要上级赋予他自主行事的权力。

于是他在给上级的电报中,先汇报了情况,然后说:“当你收到电报之后,无疑想发指示,请不必发来指示,我们这里有你的一切指示。我将向你汇报我们的行动。”多么巧妙!他既向上级表明了情况的复杂,请让我自主行事(当然在权限之内),同时也告诉领导,不必担心,我已领会了领导的意图,不会把事情弄糟,而且我会向上级及时汇报。

然后,上级回电“所述甚慰,听候佳音”。这位公务员的行动赢得了上级的欢心。

这位公务员的成功之处很值得学习。如果他一步一汇报,一事一请示,领导对他也就不会那么放心了,请求次数多了,会让他反感,那还谈何让上级赏识呢?所以,该请示的一定要请示,不需要请示自己有权作决定的就不必请示了,事事请示,反生其烦。至于什么该请示什么不该请示,其中的界限,则全在自己的悟性。

5　正确对待上司的批评

上司是什么？上司就是管你的人。所以,当你有做错或是做得不够的时候,受到上司的批评,其实是再正常不过的一件事情。因而不要认为上司批评你就是不给你面子,就是给你小鞋穿,就是要挑你的不是。你应该在心里仔细思量一下自己的行为,有则改之,无则加勉。千万不要说说不得,碰碰不得,一说就闹,一碰就炸,而要理性地、正确地对待批评。

在受到上司批评时,应把握以下几条原则:

(1)受到批评最忌满不在乎

很少有领导把批评、责训别人当成自己的嗜好。既然批评,尤其是训斥容易伤和气,因而他在提出批评时也是要慎之又慎的。而一旦批评了别人,其中就有一个权威问题和尊严问题。如果你对批评置若罔闻,我行我素,其效果也许比当面顶撞更糟。因为,你的眼里没有领导。

(2)对批评不要不服气和牢骚满腹

批评有批评的道理,错误的批评也有其可接受的出发点。更何况,有些聪明的下级善于"利用"批评。也就是说,受批评才能了解上级,接受批评才能体现对上级的尊重。所以,批评的对与错本身有什么关系呢？比如说错误的批评吧,对你晋升来说,其影响本身是有限的。你处理得好,反而会变成有利因素。可是,如果你不服气,发牢骚,那么,你这种做法产生的负效应,足以使你和领导的感情拉大距离,关系恶化。当领导认为你"批评不得"时,也就产生了相伴随的印象——认为你"用不起","提拔不得"。

(3)受到批评时,最忌当面顶撞

当然,公开场合受到不公正的批评、错误的指责,会给自己造成被动。

但你可以一方面私下耐心作些解释，另一方面，用行动证明自己，当面顶撞是最不明智的做法。既然是公开场合，你下不了台，反过来也会使领导下不了台。其实，如果在领导一怒之下而发其威风时，你给了他面子，这本身就埋下了伏笔，设下了转机。你能坦然大度地接受其批评，他会在潜意识中产生歉疚之情，或感激之情。

靠公开场合耍威风来显示自己的权威，换取别人的顺从，这种不聪明的领导是很少的，如果你遇到的是这样的领导，你当然可能在适当的机会给他以“反批评”。其实，你真遇到这种领导，更需要大度从容，只要有两次这种情况发生，跌面子的就不再是你，而是他本人了。

和领导发生争论，要看是什么问题，比如你对自己的见解确认有把握时，对某个方案有不同意见时，你掌握的情况有较大出入时，对某人某事看法有较大差异时，等等。切记：领导批评你并不是要和你探讨什么，所以此刻最好不要与领导发生争执。

(4)不要把批评看得太重

绝没有必要把一两次受到批评和自己整个前途命运联系起来，觉得一切都完了，天昏地暗，灰心丧气。如果批评了你，你就一蹶不振，打不起精神，这样会很让领导看不起。如果你是这样表现，以后领导可能再不会批评、指责你什么了，可是，他也就再不会信任和重用你了。

(5)受到批评不要过多解释

受到上级批评时，反复纠缠、争辩，希望弄个一清二楚，这完全没有必要。确有冤情，确有误解，怎么办？可找一两次机会表白一下，点到为止。即使领导没有为你“平反昭雪”，你也用不着反复纠缠。这种斤斤计较型的部下，是很让领导头疼的。一个把领导搞得筋疲力尽的人，又谈何晋升呢？

6 积极配合上司的工作

如何配合上司的工作并与之相处是很多职场人士的老大难问题。不论是对刚步入职场的新人,还是已经在职场打拼多年的老将来说,如何配合上司的工作并与之相处是一门艺术。

有的上司在布置工作任务时含含糊糊,从来没有明确具体的要求。而一旦你去做了,他又会责怪说他要的不是这样。面对这样的上司,在接受任务时一定要详细询问具体要求,问他"您的意思是……",让上司续接,当上司有了比较明确的指示之后,立即重复几遍加以强化。

有的上司很健忘,明明你上午已经把材料送给他了,下午他却一本正经地说根本没拿,重新向你要。对付这样的上司,可行的办法是:送材料时不要放下就走,也不要托人转送,如果旁边有人在,要让他们也知道有这样一个材料。

如何配合上司的工作的确是一门大学问。有的人花了一生也没抓住其要髓。有的人善于总结,能够既取得上司的赏识又平步于职场。这些都是值得大家深思和借鉴的。

(1)要服"管"

农村有句俗话"端人家的碗,就要服人家的管",意思是你到任何地方干事,都得服从别人的安排。不服从安排,不服管,自行其是,那你就别端别人的碗,而去端自己的碗算了。

在职场,你到了一个单位,不论这个单位是什么样的,你就是这个单位的人,你就要服从单位的制度、规范和纪律。你到一个部门,就要遵守部门的规章制度,就要服从部门领导的管理和指导。这是职场的铁定规矩。所以,别以为自己是孙悟空,可以随意大闹天宫,什么天条、规矩可以一概不依,玉帝老儿也可以不放在眼里,那是不行的。一定要服管才行。

一个员工无论你多么优秀，也会有缺陷。在工作中出现差错是难免的，被上司批评是正常的。虽然对上司的指责不理解，甚至产生辞职不干的念头，但要从另外一方面去理解，认识到上司是把你当做公司的一员、工作上的伙伴来看待，如若不然不理你就可以了，没有必要与你较真。

上司性格不同，对待员工在工作中出现差错的处理方法也不相同。有涵养的上司，会讲究方式方法来指出你的不足之处，使你感到口服心服。而性格急躁的上司，不能容忍下属工作不认真，不允许工作中出现任何差错，否则就会严厉地、毫不客气地给予批评和指责。虽然这种上司的态度欠妥，但却能让下属感到，他是把下属当成了自己人来对待，不然不会动真情的。作为下属无论面对什么样的上司，在他们批评你时，都要认真地聆听，用心记住他的话语，尽快改正错误，并进一步了解上司。

在上司批评时，员工一定要表现出心怀悔意、面露愧色。不要显示出一副垂头丧气的表情，更不能与上司嘻嘻哈哈态度不严肃，使上司对你产生一种不好的印象。要以坦率诚恳的语言向上司承认错误、赔礼道歉，并表示尽快改正缺点，尽最大努力弥补损失，这才是明智之举。

(2)多为上司担当

常言道："疾风知劲草，烈火见真金。"在关键时刻，上司才会真切地认识与了解部下。当某项工作陷入困境时，你若能挺身而出，定会让上司格外器重你。当上司本人在思想、感情或生活上出现问题时，你若能妙语劝慰，也会令其格外感激。此时，切忌冷漠无助，畏首畏尾，胆怯懦弱。这样，上司便会认为你是一个无知无识、无情无能的平庸之辈。

上司一般都很赏识聪明、机灵、有头脑、有创造性的下属，这样的人往往能出色地完成任务。有能力做好本职工作是使领导满意的前提。一旦被人认为是无能无识之辈便很危险了。所以，多为上司担当一些工作，并把上司分配给自己的工作做出成绩来，就是很好地配合了上司的工作。

中国人在讲自己的成绩时，往往会先说一段客套词：成绩的取得，是领导和同志们帮助的结果。这种套话虽然乏味得很，却有很大的妙用，显得你谦虚谨慎,从而减少他人的忌恨。越是好东西,越是舍不得给别人,这是人之常情。要是你有远大抱负,就不要斤斤计较眼前成绩的取得究竟你占有多少份,而应大大方方地把功劳分给你身边的人,特别是分给你的上司。这样,做了一件事,你感到喜悦,上司脸上也光彩,少不了再给你更多的机会。如果你只会打眼前算盘,急功近利,则会得罪身边的人,上司也会认为你是一个功利心重的人,那将来一定会吃亏。

比如说把自己的一些功劳悄悄地让给上司。不过,对上司让功一事切不可到处宣传,如果你不能做到这一点,倒不如不让功好。对于让功的事,自我宣传总有些邀功请赏、不尊重上司的意思,这可千万使不得,最好由被让者来宣传。虽然这样做有点埋没了你的才华,但你的同事和上司总会还给你这笔人情债,因此,做善事就要做到底,不要让人觉得你让功让得虚伪。

配合上司的工作还要学会为上司分忧解难。上司在工作中出现失误,千万不要幸灾乐祸或冷眼旁观,这会令他极为寒心。能分担责任就分担责任,不能分担责任可帮他分析原因。此外,还要帮助他总结教训,多加劝慰。苛责、嘲讽的态度更易把关系搞僵。那样,你就再不要指望上司了。

领悟上司的意图,努力配合上司的工作就要与上司保持一致性,取悦上司。举个例子来说,你昨天交到领导办公桌上的讲演稿,他今天告诉你没看到。菜鸟可能会说:“不会的,我肯定交过来了。”而老鸟会说:“哦,对不起,那我立即再去打印一份。”争辩无意义,毕竟是谁的疏忽也不必追究了,以他的目的为目的——当下,让他看到讲演就是最重要的。

小说《杜拉拉升职记》中生动具体地描写了杜拉拉取得她的上司玫瑰好感的全过程:通过认真研究玫瑰最看重的工作内容,杜拉拉积极配合玫瑰的工作,甚至主动加大广州办的工作量,把工作统计表格和上海办统一起来,以方便玫瑰审视,以此不动声色地向上司表示出追随的姿态。其结果是令她自己的工作开展也越来越便利。要不然升职怎么会那么顺利?

不要在私下发领导的牢骚。须知“隔墙有耳”，打小报告的正在寻找材料好去告密；你的议论为他的拍马屁正好提供了时机。倘若把你的话添枝加叶，传到上司的耳朵里，你辛勤工作的成绩，可能会因几句牢骚话而抵消殆尽。

(3)自动自发地执行任务

积极主动自动自发地做好自己分内的工作，让上司放心，这就是对上司工作的最好的配合。

积极主动地发现问题解决问题，而并非等老板来督促才做一切，这样会让你对待工作更加积极主动，也让你获得比别人更多的机会。

詹尼斯在国际贸易公司上班，他很不满意自己的工作，愤愤地对朋友说：“我的老板总是对我吹毛求疵，他总是说我做得不好，而且还说，我只有在他的监督下才能做得好。改天我要对他拍桌子，然后辞职不干。”于是他的朋友对他说：“是不是老板不在，你就很放松呢？”

“那当然了，谁不是这样？”

“如果你总是在老板监督下才干活，那么你现在辞职走了，轻松的是不是老板？”

“大家都是这样。”

“我建议你好好地把公司的贸易技巧、商业文书和公司运营完全搞通，甚至如何修理复印机的小故障都学会，成为公司不可或缺的人，那么你再看看老板是不是还是那样地督促你。如果他还这样，那么你就拍桌子走人。你用他们公司做免费学习的地方，什么东西都学会之后，再一走了之，不是既有收获又出了气吗？”

詹尼斯听从了朋友的建议，从此便默记偷学，下班之后，也留在办公室研究商业文书。一年后，朋友问他：“你现在许多东西都学会了，可以准备拍桌子不干了吧？”詹尼斯不好意思地说：“可是我发现近半年，老板对我刮目相看，也不再监督我了，最近更是不断委以重任，又升官，又加薪，我现在是公司的红人了！”

在上司的监督下工作是一种压力，尽管也可以完成任务，却难以赢得主人的赏识。被迫与主动之间的区别看起来很简单，除了自我感觉之外，结果完全相同——任务是必须完成的，尽管事实并非如此。

不需要上司督促地做事，时时刻刻地以自己的事业做工作的人，会成为上司最放心的人，这样的人会成为老板的左膀右臂。如果你也有类似的经历，那么反省一下自己，老板总是不信任你、督促你，是因为你的能力不足，还是因为你不能主动执行。

从事一份职业，都应该精通它，下决心掌握自己职业领域的所有问题，而且还要努力使自己变得比他人更加精通。这是在增加自己的财富，而不是简单地为了老板获得他的一己之利。我们要养成不用老板督促的工作风格。因为它能带领普通人向更好的方向前进，更能鼓舞优秀的人追求更高的境界。

7　为上司所赏识的秘诀

混迹于职场，能力固然重要，但是要真正成为老板或上司眼中的“大红人”光靠能力是远远不够的。实力之外，还有很多细枝末节的小招数，能让你在潜移默化中被老板列入“自己人”的名单，成为名副其实的得力干将。

林珏从一个小主管升到部门总监耗时不超过两年，她是怎么做到的？简单地说，就是勤奋、实力加“听话”。

林珏刚进公司时，正逢薪酬制度变化，很多人都不接受新的薪酬制度，还常有人在开会时直接“杠上”。她虽然也不爽，却很聪明地选择了服从，在同事们消极怠工的时候抢着干活。风波过后，几个同事辞职了，林珏却给老板留下了极好的印象。

当然光靠这些是不够的，想要真正成为“红人”，还得凸显出自己的实力。林珏的业务能力的确很强，英语流利，还会一点日语，经常帮同事接国外客户的电话，广东话、英语、日语轮盘转，思路也非常清晰，很快成为了公司的“救火员”，奔波于各大谈判场，也由此积累了不少客户资源，也常常受到老板的赞许。

有一次开会时，几个部门总监对老板的决策提出了异议，正当老板词穷时，林珏却搬出了一位大客户的建议来支持老板，帮老板挽回了局面，她也就此被老板列入了“自己人”的名单。林珏说：“不论何时都要在台面上支持自己的老板，即使有问题也可以私下再跟老板交流，反而会让老板对你更信任。”

没过多久，林珏的总监跳槽，她顺理成章上了位。又过了几年，林珏再次升职，当上了大区经理。

每一个职场人都希望坐到像林珏这样的位置，在老板或上司心中举足轻重，地位稳固，成为老板或上司身边不可或缺的人才。但是要做一个“红人”，不仅仅是会说几句好话就行的，更多的是货真价实的能力。

老板或上司每天日理万机，随时都需要得力助手从旁协助，这个时候“红人”的价值就显现出来了。只有让老板或上司离不开你、信任你，你才算是做到了“红人”的分内之事。而要做一个合格的得力助手，你就要了解老板，了解上司，了解公司，在危急关头可以为老板、为上司分忧解难。如凡老板交办之事，力求尽善尽美，不容有误，且每件事的执行过程及结果应随时禀报。这样老板才会对你放心，信任你。

要成为职场“红人”，需要很多条件，但是有的人说：“要成为这样的人靠的是机遇，可遇而不可求。”事实并不是这样，你也可以把自己经营成为老板最信任的“红人”。

首先，帮助你的老板或上司成功！职场人际其实就是赤裸裸的利益关系，在利益之外可能还有那么点感情因素，所以，用自己的能力帮助自己的上级获得成功，帮助他取得业绩，是对他最大的帮助，也是你对他最大的价值。有的上司常对下属说的一句话是:你们的业绩,都是我组成我业绩的一部分,我珍惜我的工作,重视我的业绩,所以我绝对不允许我手下的任何人因为他的业绩而影响我的业绩!所以上司可能是笨蛋,但他要的可不是跟他一样的笨蛋。用你的聪明才智使他的业绩更好,你就能红起来。

其次,对上司忠心耿耿!这包括两方面,一不要功高盖主,也许你比你的上司还有能力,但不要让他觉得有你这个下属使得他的位子受到威胁,而是让他觉得因为他领导有方,对你加以合理任用,才会使你有机会高水平发挥,你们俩是互相配合,谁也离不开谁。离开了你,没有人可以帮他像你这么出色,离开了他,你也不会把自己的能力完全发挥出来。二要永远和上司站在一边。公司里难免有人际斗争,出现针对上司的人际斗争时,千万别站错队,一定要力挺上司。患难时刻见真情,当上司在斗争中胜利了,他会将你视为心腹;就算上司失败了,也不要后悔当初的选择,因为"叛徒"是永远得不到对方的重用的,就算上司输了,你们都离开了公司,当上司获得一个好职位后,他也不会忘记要提携你。

第三,是要多与上司沟通。不要只做不说,也不要说太多太夸张,要有策略、有程度地与上司多沟通。沟通是至关重要的,主要有以下几个方面需要沟通:

① 通过沟通了解上司的工作方式。就算做得再卖命,如果跟上司的工作方式、工作习惯不同,他也会觉得很别扭,不容易拉近和上司的心理距离。

②多沟通才能让上司知道你为他做了什么、你如何支持他,也就是表忠心。

③多沟通才会在有人挑拨你和上司关系或者上司对你有意见的时候第一时间发现而采取相应的措施。

特别是遇到本身不善于、不喜欢沟通的上司,一定要主动和他沟通,待摸清了他的方式和习惯后,才可以用他最喜欢的方式与他共处、共荣!

当然,具有很强的工作能力、尽忠尽职、总是为老板着想的人才有资格成为老板面前的"红人"。如果连这几点也做不到,老板或上司根本不会把你放在眼里，还谈什么成为“红人”？所以，修炼自己的人品和能力，提升自己的素质，不恃宠而骄，能忍耐老板的苛责或是甘当老板的出气筒，能屈能伸，低调谦逊，老板或上司自然会和你贴心一些，成为“红人”的可能性自然也就要大一些。

8 完美应对上司的“个性”

职场中，你会遇到许多不同类型的上司：有的性格温和，为人谨慎，有的脾气暴躁，做事草率，而且，每个人还都有与众不同的习惯。对待不同的上司有不同的相处之道，既然你在他手下做事，当然就要掌握应对战术。

对霸道型的上司不要被他吓倒

这类上司认为只要不断地威胁雇员，就能让他们服服帖帖地干活。对付这样的恶老板，你必须让他感觉到你存在的价值。尤其当你预见到他将会对你恶语相向时，你必须事先想好回敬他的话。更重要的是，你不要被吓倒，而是坚持下去，往往最后退缩的是对方。

对变色龙式的上司——切记他曾说过的话

有一些上司是变色龙，今天他让你这么做，明天就要那样做，今天他这么说，明天又那么说。对于可怜的打工族，一方面，随时提心吊胆，另一方面，总是在工作上不知所措，弄得精疲力竭，另外，还有可能被老板抓住了把柄，搞不好有下岗的危机。

变色龙老板之所以善变，主要是因为他不愿意承担责任，这是他信心不足的表现，所以，作为打工族，应督促他改正，他在任何情景下说过的话、交代过的事情，一定要记清楚，如有必要，你可以记载在纸上或电脑之中，以备不时之需，实际上，这种习惯也是一种良好的工作态度。

对疑神疑鬼的上司——每晚给他一份报告

有些老板成天怀疑员工偷懒。一名女士这样形容自己的老板:“她总是偷偷地站在员工后面,每隔5分钟便会问上一句‘工作进行得怎么样了?’令人防不胜防,也不胜其烦。”不偷懒工作,这当然是个好主意,但对付这类老板最好的办法是,每天给他一份报告,明白告诉他今天做了什么工作,以打消他的疑心,从此他放心你也安心。

对讨厌的上司——尽量避免正面冲突

讨厌的上司,并不是指因为工作能力不好而让人讨厌。在这里单纯地指对个人的好恶而言,也许是个性不合、脾气不好,或是你无法认同他的行为。假如你碰到了这样的上司,苦恼之余,又该用什么态度和他相处呢?不论多讨厌对方,都要尽量避免正面冲突。

尤其当对方正好又是公司内部掌握大权,有能力、地位的人时,更是要特别注意,千万不要采取太过激烈的行动,要避免与其正面交锋,因为这些冲突,可能会让你对他的厌恶感更加重,反而造成自己的心理负担。所以,为了以后的工作能更顺利地进行,唯一的保身之道就是“保持距离,以策安全”。

对爱发脾气的上司——要沉住气

上司也是人,也会情绪不好,也许是他的家庭发生了问题,或者工作出了纰漏,他的上司批评了他。这时他也许找碴儿发一通脾气或摆出一副难看的脸色。这时候你要沉住气,不必马上和他闹情绪,这样会更刺激他。等他情绪平定之后,你再找他解释。这样更明智,效果也会更好些。说不定他冷静以后会主动同你交流的。

面对工作狂上司——甘拜下风

这类上司往往认为自己是天下最能干的人,加上精力过剩,热衷于工作,而且希望下属也都和他一样,变成工作狂。

面对这样的老总,最佳对策就是甘拜下风,不断向他请教,令他永远感觉到你是在他的英明领导下努力工作,并取得成就的,这样反而还可以得到他的赏识。

面对优柔寡短的上司——为他壮胆，果断决策

这类上司大都多谋少断，往往是已经定好的决策，只要别人提出一点修改意见，就能让他一次次改变初衷，底下人就要不断地重新来过。

其实，你只要在让他不感到有失身份的前提下，大胆和他商讨一些决策，帮他痛下决心，再设法让他坚持下去就轻松多了。

面对模糊型上司——一定要问个明白

这类上司布置工作时含糊笼统，没有明确具体的要求，既可理解成这样，又可理解成那样；有的前后互相抵触，下属根本无法操作和实施，一旦你去做了，他就会责怪说他的要求不是这样，是你弄错了。对这样的上司，在接受任务时，一定要详细询问其具体要求，特别在完成时间、人员落实、质量标准、资金数量等方面尽可能明确些，并一一记录在案，让上司核准后再去动手。

这类上司在你请示的某项工作需要得到具体指标或明确答复时，他却哼哼哈哈，没有明朗的态度，或只说“知道了”“你看着办”等。那么，为了避免日后不必要的麻烦，做下属的你可反复说明旨意，并想方设法诱导其有一个明确的答复，必要时，可采用提供语言前提的方法，如“你的意思……”，让上司续接，或者用猜测性的判断让上司回答，如“你的意思是不是×××”。当上司有了一个比较明确的答复之后，立即重复几遍加以强化，也可进一步延伸，“假如是这样，那就会……”。

面对无知型上司——敢于自作主张

有些上司明明自己对业务不懂、外行、不擅长，但却装懂、装内行，处处想显示自己，不是横插一手，就是瞎指挥。

面对这样的上司，可分别对待。如是重要的、带有原则性的问题，下属可直接阐明观点，或据理力争，或坚决反对，不能迁就，即使正面建议无效，也要想方设法迂回前进，否则就等于是拿老板和自己的身家性命开玩笑；倘是无关大局的一般性问题，下属则可灵活对付，尽量避免正面冲突和激化矛盾。

面对内向型上司——巧妙沟通

曾有心理学家分析指出，内向型的人比外向型的人更常使用电子邮件。所以,如果你的上司是较为内向的人,相对于面谈或听电话来说,他可能更喜欢读 E-mail,并以此方法与属下沟通。如果你想给看惯了普通黑白邮件的老板来点惊喜的话,那就多花些时间学习制作新意盎然的彩色动画 E-mail 吧。当然,别在上班时间做私人联络,以免招致他人的口舌。

再提示你一个简单受用的办法:当你要与上司谈一件重要的事时,别用 E-mail,而要通过面谈来表示你的诚意和决心,一起吃午餐是个很好的方式,既不会受到其他同事的干扰,又能和上司作最直接有效的沟通。

面对挑拨是非、给老板打小报告的上司——以恶制恶

有一类上司,专爱在下属之间挑拨是非,制造矛盾,还爱在老板面前打下属的小报告,搞得员工之间关系紧张,还动不动就挨老板骂。像这样的情况,就需要员工之间先把话说开,确定是上司在搞鬼,再想办法对付他。

俗话说:害人之心不可有,防人之心不可无,对这种差劲的小人型上司,决不能碍于情面而一味忍耐,一定要找准时机,当面揭穿,然后主动找老板说明情况,让老板了解事情的真相。要相信,当老板的都是会为自己企业负责的,当他得知自己手下的主管是如此之人,从企业的生存和发展出发,一般是会考虑采取相应措施的。

面对平庸无能却喜揽功推过的上司——刚柔并济,偶露峥嵘

如果你的上司平庸、没点子,你大可不必在意,完全可以以一颗宽容之心相对,"金无足赤,人无完人"吗!一有为难的工作,就交给下属去干,只能表明上司的无能,但对下属来讲未必不是好事,至少多了磨炼的机会,多了显露才华的契机。"人在屋檐下,不得不低头",基本的一条是要学会与其相处,如果你不想和自己过不去,最好就不要和这种上司过不去。

如果上司喜欢把别人烹制的"佳肴"全部装进自己的碗里,不肯分出"一杯羹",错了却要下属承担,这说明他自私自利、人格卑微。与这种上司相处,就须刚柔相济,既不可逆来顺受,也不可一味顶撞。在老板面前适当地维护一下自己的利益也是无可非议的,要让上司知道做人是有原则的，忍让也是有限度的。

对喜欢追女性的上司——不给他任何机会

好些拥有一定权力的男上司，虽然家中已经有个好老婆，仍会利用其地位去追求女同事。有些女同事会立刻辞职，避免烦恼，但这只是消极的办法。如果你在公司争取到了一定的地位，一下子全部放弃，太不值得了吧！所以，上上之策是，既不坠入对方的圈套，也不得罪他，更不会影响你的工作。例如，当上司借故约你，你可以装傻，问他："你太太也一起来吗？"或者表示高兴："好的，顺便介绍一下你的太太给我认识吧！"

有些上司不会避嫌疑，直接邀请你，你也不妨大方地答应下来，但只是赴一些小的约会，如下午茶，午饭之类；另一方面，要借故取得上司家中的电话号码，找他的太太，与她交朋友，让别有用心的上司不能得逞。

对懒散型上司——巧妙揭短

你的上司经常迟到、早退，一则令你有不公平之感；二则他不在影响了工作进度，因为好多决策未能及时由他批示；三则遇上公事出错，你会被逼"背上黑锅"苦不堪言。向老板申诉吗？

不错，此举可避免"背黑锅"。你将上司偷懒的情况公开，到头来，大有可能给自己造成不利！难道就这样敢怒不敢言地维持下去吗？不妨试试以下方法：上司不在时，请来一个见证者，当然不是公然地找，而是有意无意，例如在秘书小姐面前进行，目的是要有人知晓整件事情的来龙去脉，使公司里的人晓得真相。一传十，十传百，你的目的就可达到。

对公私不分的上司——送他一枚"软钉子"

有些上司公私不分，常常要你替他做私事，你可以送给上司一枚"软钉子"。你要做的事就是巧妙地拒绝他，但不影响你的前程为前提。要在第一时间说："不！"例如上司要你替他的女儿写读书报告，你肯定一万个不愿意，就告诉他说："对不起，我帮不上忙。"

如果他在下班后让你去做，事情就更好办了，搬出这样的理由："因为我今天晚上有约会，不能迟到！"翌日，他再次请你做，你可以找相宜的理由，他就会知难而退，奈何不得。

对情感脆弱的上司——不妨多关心一下

上司通常会在别人都下班后,独自坐在办公室发一会呆儿,上司面对工作一样会感到心情压抑,对家庭生活也一样有这样那样的矛盾问题。上司的情感有时也很脆弱,需要抚慰。但如果就此你就毫不客气地探问其隐私,甚至为此出谋划策,那就大错特错了。

即使上司在最脆弱的时候,他也只需要适度的关心,一杯热茶已足以让上司送给你一个淡淡的微笑。如果方便,你仿佛是随意讲个笑话,开解他郁闷的心情,他会非常感激。要明白,真正关心上司,出发点应是爱戴而不是利用。

“人上一百,形形色色。”工作中我们避免不了会遇到各种各样的上司,既要与上司搞好关系,又要不被上司控制。个中学问很大,需要时时领悟。但是,即便我们处处小心,还是不小心得罪了上司,又该怎么办呢?

不管谁是谁非,得罪上司无论从哪个角度说都不是好事,只要你没想调离或辞职,就不可陷入僵局,以下几种对策可为你留有回旋的余地:

1.不要寄希望于别人的理解。无论何种原因得罪上司,都不要向同事诉苦。如果失误在于上司,同事对此不好表态,也不愿介入你与上司的争执,又怎能安慰你呢?假如是你自己造成的,他们也不忍心再说你的不是,往你的伤口上撒盐,更有居心不良的人会添枝加叶后反馈回上司那儿,加深你与上司之间的裂痕。

所以最好的办法是自己清醒地理清问题的症结,找出合适的解决方式,使自己与上司的关系重新有一个良好的开始。

2.找个合适的机会沟通。消除你与上司之间的隔阂,最好的办法是自己主动伸出“橄榄枝”。如果是你错了,就要有认错的勇气,找分歧的症结,向上司作解释,表明自己会以此为鉴,希望继续得到上司的关心;假若是上司的原因,在较为宽松的时候,以婉转的方式,把自己的想法与对方沟通一下,无伤大雅地请求上司宽容,这样既可达到沟通目的,又可为他提供一个体面的下台台阶。

3.利用一些轻松的场合来化解。不妨在一些轻松的场合,比如会餐、联谊活动等,向上司问好、敬酒,表示你对他的尊重,上司自会记在心里,排除或淡化对你的不满。

其实，保持良好的心态，别将上司理想化——他也是一个与你一样的普通人，同样承担着各种压力，多从他的立场上考虑，你和上司之间自然会建立一种和谐的氛围。

9 和上司保持合理的距离

有人说，要想升职就要和上司拉近距离。但是事实却不是这样的，人与人之间靠得太近，反而容易看到对方的缺点。上司或老板也是一样，当他和你关系很近的时候，他就能看到很多以前没有看到过的问题，从而对你有所不满。所以，要想保持和上司的良好关系，保持合理的距离是必要的。

张伟和他的上司王凌志非常合得来，工作上合作无间，而且两人都很喜欢看足球，有球赛的时候就会相约一起去看球。他们俩还互相给对方起绰号，张伟叫臭脚，王凌志叫黄油手。两人一起看球赛的时候看得高兴，还会互相调侃，说说对方的球技如何如何臭，支持的球队如何如何烂。

但办公室毕竟是多事之地，他们的好友关系慢慢地招致了别人的非议。特别是大老板找王凌志谈了一次话以后，作为上司的他也就在这件事上留了心。之后张伟一邀他看球，他就借故推脱，但是粗心的张伟却一直没有发现王凌志心理的微妙变化。

一天，王凌志在自己的办公室里接待一位客户，张伟没敲门就直接进来冲着王凌志嚷道："黄油手，今天曼联首战，酒吧我都订好位子了，一起吧。"王凌志的脸色立即很不自然，冷冷地说："你先出去。"张伟愣了一下，这才发现在那张宽大的黑色沙发里，坐着一个穿黑风衣的瘦小的老者。

那天的酒吧之约王凌志自然没有赴约。之后不久，张伟便被调到市场部作统计，算是被变相地降了职。

在职场中一个不懂得保持距离的人，不但单纯而且“单蠢”。像张伟这样一个人，或许他想法简单，只是想和上司交个朋友，但是在职场中太过于简单就会变成愚蠢。尤其像张伟这样在任何场合都想展示自己和上司是好朋友，最后吃亏的是自己。

或许有的人会说，和上司建立亲密的关系，以后升职就有希望了。但是和上司的亲密关系并不是一把“保护伞”，可以让你安枕无忧。你们是领导与被领导的关系，你永远都不可以越过这条线，你更不可以不分场合地展示你和上司平等的朋友关系。上司需要威严，需要一个严肃的形象，为了维护他的形象，适当地牺牲一下你也变得很正常。

既不能和上司过于亲密，但是又要和上司保持和谐的关系，那么到底应该怎样把握这个度呢？

1.时刻提醒自己，上司和自己不一样

上司毕竟是上司，就像皇帝和大臣关系再好，他也是皇帝，也容不得别人总是和自己称兄道弟。

2.尽量少知道一些上司的秘密

试想你知道了一些不该知道的事情，结果是什么？虽然不至于杀人灭口，但是想必日子一定不会好过。所以上司的秘密如果一个不小心被你知道了，你也应该表现得毫不知情。

3.尽量少在工作场所和上司开玩笑

哪个上司都不想一进办公室下属就给你来一个玩笑，让他威严扫地。工作的时候该认真还是要认真，该严肃还是要严肃。

4.千万不要和异性上司有暧昧的行为

这应该是办公室的大忌，或许你们并不是真的有暧昧，但是在别人看来，就觉得你和老板有一腿。

上司之所以不愿意与部属关系太密切，主要是顾忌到私人关系、私人感情超过了工作关系，那就会对领导产生不良的影响。

其次，上司还会担心你对他的思想感情，包括个人隐私过分了解，这样他就会降低威信。同时,任何领导在工作中都要讲究方法,讲究艺术,讲究一些措施和手段,如果员工把一切都知道得一清二楚,这些方法、措施和手段,就可能会失败。无论什么时候,认清这几点,你就知道应该如何把握自己与上司的距离。

10 跳过与上司相处的"雷区"

(1)与上司相处不能"傲"

不管在哪家公司、哪家企业,也无论在什么情况下,"傲"是员工与上司和谐相处的最大障碍。

傲气是一个人不成熟的表现,会让上司感到下级不尊重自己,不服从上司,使上司面子难堪,下不了台,不利于下级与上司处理好关系。同时,上司的不支持还会使下级搞不好自己的业务,毕竟搞好业务是需要多方面的配合和支持的,所以下属员工最可贵的品质便是谦虚平和,如果他能将此与其在业务上的才华相互配合,必定能做出一番事业,更会受到上司和同事的欢迎。

去掉傲气并不会减少员工一份知识、一分才干,而只会让自己工作起来更得心应手,同时也使上司感到舒心,感到自己更受尊重。

谦逊也不会损害下级的人格尊严,正如国画大师徐悲鸿所言:"人不可有傲心,但不可无傲骨。"谦逊并不会妨碍下属保持自己思想和操守的独立性,相反,它会使你更加进步,使你品德更加完善。

去掉傲气还会增长你的才干。古人说"满招损,谦受益",正是这个道理。谦虚不仅仅是一种表面上的姿态,更应是一种内在的感受,只有这样,上司才会认为你并不虚伪,可以信任;也只有这样,你才能在专业领域更进一步,取得更大的成绩,从而更增强你自身的实力,提高你在上司心目中的地位。这样,无论是哪一个上司上台,你都因有牢靠的资本而无须担忧了。

(2)与上司相处不能“显”

“显”,也就是表现。很多员工生怕自己的才能被掩盖了,迫不及待地想要表现出来,而且是不分场合不分地方不分对象地表现。这样必然会招致上司的不满,使上司对你产生看法,不利于你的职场发展。

“显”是一种性格上的缺陷,它会导致员工在不经意中冲撞或得罪上司。比如,有些员工直言快语,肚子里放不住几句话,发现上司的疏漏就沉不住气。一公司召开年终总结大会,经理讲话时出了个错:“今年我公司利润持续上升,到现在已经创利 230 万元……”话音未落,一个下属站起来,冲着台上正讲得眉飞色舞的经理高声纠正道:“讲错了! 讲错了! 那是年中的数字……”结果全场哗然,把经理羞得面红耳赤,情绪顿时低落下来,他的面子顿时被这一句突如其来的话丢得干干净。同时,这个员工在上司那里的印象可想而知。因此,与上司相处千万不能“显”。

尤其是在公开或正式场合,一些员工心目中的“上司意识”淡了,一遇正规场合就可能伤害上司的尊严。因此,我们在与上司相处时,一定注意不要冲撞了上司。

谁都会犯错,如果上司的错误不明显,其他人也没发现,不妨“装聋作哑”。如果上司的错误明显,确有纠正的必要,最好寻找一种能使上司意识到而不让其他人发现的方式纠正,让人感觉上司自己发现了错误而不是下属指出的,一个眼神、一个手势甚至一声咳嗽都可能解决问题。

职场上有很多东西其实是可做不可说的,所以职场上管住嘴是相当重要的。比如对上司不满,也不要当面发泄,更不能在背后乱嘀咕,有意诋毁上司的名誉,揭上司的“家底”,殊不知“纸里藏不住火”,没有不透风的墙,被上司知道没有任何好处。

有的上司能力差,被员工瞧不起,有的员工便想尽方法地想让上司出丑。其实这正是与上司相处的大忌。能力越差的上司越怕下属看不起自己。有些人经常哪壶不开哪壶,有意制造机会让上司“丢人现眼”,以此捉弄上司,这肯定会让上司愤恨不已。得罪上司与得罪同事不一样,轻者会被上司批评或者大骂一番;遇上素质不高、心胸狭窄的上司,可能会对你打击报复，暗地里给你穿小鞋，甚至会长期压制你的发展。杨雄在《法言·修身》中谈到“四轻”的危害时讲：言轻则招忧，行轻则招辜。从与上司相处的角度讲，不慎言笃行，一旦冲撞了上司的面子，就可能导致不幸，影响你的进步和发展。

上司当然不希望在下属面前自惭形秽，然而事实却经常与他开玩笑。工作中他会时时发现下属在某些方面有杰出表现。但这些杰出表现只能跟同事比，不能跟上司比。否则，很可能会使上司大没面子。这样的下属不是最聪明的下属。

每个人都有每一个人的喜好和忌讳，这是一个人多年养成的心理习惯，对任何人的习惯都应当尊重，更别说上司了。所以，对于上司不愿提起的、忌讳的东西，我们也不妨敬而远之。

(3)与上司相处不能“奸”

员工要依靠才能而不是心计来获得上司的信赖，心计用多了，就会给人留下一个“奸”的印象，人人都敬而远之，上司也不例外。只有才能过人，才会使上司更加倚重你；工于心计，只会使上司对你加以防范。

有的员工不愿意下苦功增长自己的才干，而是一门心思地通过投机取巧的办法来达到目的。这种人的做法有时是很有效的，但绝不是什么立身根本，也非处世正道。从短期看，工于心计可能会达到某些目的，但从长远看，实在是舍本逐末，聪明反被聪明误。所以，我们要奉劝做员工的人，一定要把精力放在增长才干而非经营心计上，只有这样，你才能长久、稳固地获得上司的信任。

大凡上司用人，都是以才作为最重要的衡量标准的，如果德行也好，仁义礼智信五者兼备，那就更好；如果品德上有些污点，但若控制得法，仍是可以予以任用的。虽然我国长期以来形成的用人标准是“德才兼备，以德为先”，但是对“才”也是给以很高的重视的。所以，作为一个员工，除了要有良好的品行，还要注意增长自己的才干。

才干是做员工的基本，如果你不能胜任本职工作，难以完成各项任务，办起事来，丢三落四，拖拖拉拉；传个话，天南海北，走弦跑调；写个材料，词不达意，文理不通；出个主意，云里雾里，不得要领。这样的事多了，就会招致上司的不满，这样又怎么能搞好关系呢！

上司们是很看重下级的才华的，但对于工于心计者却甚是警惕。所谓心计，就是通常人们所说的心里另有主意，另有算盘，而且深藏不露，不现于声色，不显于言行；但是，每一举动却又都是处心积虑，意味深长。这种人是很可怕的，故历来为上司所防范，所厌恶，因为这种人不诚实，不透明，深不见底，常令人不禁与各种阴谋诡计联系在一起。

但是，这并不是说做员工的就应该胸无城府，我们只是想说，在才干和心计两者的地位上，我们要更注重前者，要以才干为本，心计要有，但不宜太过。

(4)与上司相处不能“粗”

做事细致周详绝不是一个性格问题，更多的是一个人的做事态度、处世方法问题，因此，员工是可以通过工作方法的改进来增加自己的才干的。

一个合格的员工要做到手勤、脑勤、嘴勤和腿勤。手勤，就是要随时做到有备无患，有纲有目。不但应对未来工作的计划作一疏理，并记录下来，而且还应有意识地储备一些资料，以供上司使用。脑勤，就是平时要多思考，多想几个“为什么”，多想几个“怎么办”，这样就会提高你的预见能力和应变能力，使事情变得周详可靠。嘴勤，就是要多请教，向周围同事多请教一些工作经验，多了解一些本公司和社会各方面的情况，作为自己思考和办事的经验性基础。另外，要懂得请示报告，以期得到上司的支持和帮助。腿勤，则是指要到实际中去了解事情的真实情况，了解事物发展的过程，从而使自己的思想能够符合实际，真正做到细致周详。

勤快，不仅仅能够帮助你更多地了解情况，做到胸中有数，能够想到事物发展的细节、变化的趋势，从而做好工作；同时它还会给你带来一种积极向上的气息，一种朝气蓬勃的工作作风。而上司对于这种肯于吃苦、热爱工作的下属都会非常欣赏的。这种感情上的亲近可以使他更多地宽容你工作中的细小失误，并为你做好工作提供更多的理解和支持。

总之，在我们的日常工作中，没有哪个上司会不喜欢说话滴水不漏、办事有章有法的部属的；也没有哪个上司会喜欢说话办事粗枝大叶、丢三落四的部属的。

诚如一位老员工所说，小处亦有大文章。员工切不可做起事来马马虎虎，而是要细致入微、周详严密，这样才会把事情做好，取得上司的信任，从而建立一种和谐舒畅的上下级关系。

想上司之所想，急上司之所急，乃是获得上级信任而无往不胜的秘诀。而能够拾缺补漏、细致入微就更是奇招制胜之法。要做到这一点，离不开细心的体察。员工不仅要体察上司的心意，还要体察事理，这样办起事来就会游刃有余，无懈可击，正中上司下怀。

(5)与上司相处不能炫耀资历

无论是企业还是公司往往会有一些“老资格”的员工，在“老资格”的员工中，也可以分成两类：一类是“没有功劳也有苦劳”者，另一类是真正的资深绩优者。前者已成了企业的累赘，工作没有特殊表现，发展潜力没有了，干劲也没有了。给他们重要工作他们又干不好，不得已，只得给他们一个无关紧要的工作，直到他们退休为止。一个人在公司干到这种地步，处境是可悲的。

因此，资历高的员工在企业中不能抱着混资格的心理，而是要尽力把自己的本职工作做好。

最不能令人接受的是有些员工，在工作初期表现不错，但混了几年之后，成了老资格，工作能力却愈来愈差了。可是他们又不肯承认这一点，处处以“老资格”自居，瞧不起新员工，老是把新员工当做“毛孩子”，认为他们什么都不懂。这种员工才是企业真正的负担。

资历之所以可贵、可敬，是因为时间赋予你更多的工作经验，令你对某一工作有了更多的心得，值得后人向你学习。若你只是年资增加了，工作能力却退步了，工作精神十分松懈，这样的“老资格”，还有什么可贵、可敬的呢？人的工作能力是强弱不一的，对公司的贡献多少，是不能以职位的高低来划分的，只要是能把本职工作做到尽善尽美的人，都是公司的好员工。都可以成为受上司尊敬的人，上司也必会给你某一方面的补偿。

(6)被上司打入“冷宫”怎么办

没有人可以保证一辈子做职场红人，也没有人可以确信永远处在事业高潮。潮起潮落，符合自然规律。

如果上司突然不再分配给你很多工作，特别是富有挑战性的任务，或者不再邀请你参加与你职位相称的会议，这个时候，你就被上司打入“冷宫”了！

王倩是一个能说会道的女孩，刚进公司的时候，她就得到上司的信任，经常和上司一起见客户、做项目。

但不久后王倩就因为她的能说会道而引起了麻烦。一次王倩和上司一起去见客户，吃饭席间，上司接了家里的一个电话，王倩不小心听到了电话的内容，知道了上司和妻子现在关系很紧张，而且最近在闹离婚。本来这是上司的家务事，并不想让太多人知道，但是王倩却把这个事情告诉了公司的另一个同事，以显示她和上司的关系是如此的亲密。

没过多久，上司要离婚这件事就被传得沸沸扬扬。终于传到了上司的耳中，上司非常愤怒，但是因为王倩在工作上没有出什么差错，找不到什么借口处罚她，于是上司就慢慢地疏远她，并把原来交付给她做的一些工作也都交给了其他人。一下子，王倩由老板身边的得力助手变成了一个闲人，这样的闲人自然不会犯错，当然更不会升职加薪。

和老板关系亲密到被老板打入“冷宫”只是一线之隔。如果你某件事情触犯了老板，很容易被他“抛弃”，就像王倩，原本前途无量，现在却只能做一个闲人。

若是有一天你确实不幸被打入“冷宫”了，你应该做的不是每天自怨自艾、不停抱怨或者和上司争辩谁对谁错，这样只会让人觉得你是一个“怨妇”，而不会对你现在的处境有任何改变。你应该做的是主动地去改变这种状况，想办法去挽回上司的心，努力改变尴尬的现状才是最有效、最有意义的行为。

看看下面几条建议，当你不小心被打入“冷宫”时，它或许就可以帮到你。

1. 一定要沟通

如果是你的错，就应该有认错的勇气。如果是上司的问题，那么你应该选择比较合适的时间地点委婉地表达你的意见，而且要给老板台阶下，表达你为他效力的决心。

2. 做一个让上司感动的检讨

假如你确实做错事，就要主动地进行深刻的自我检讨，并表明决心，让上司重拾对你的信心。

3. 守住自信提升价值

身在职场，要时刻清醒自己的价值，无论是在最风光的那一刻，还是在最失落的那瞬间。只有对自己的信心不变，那么才不会被所谓的“江湖地位”而左右自己。用自己的价值说话，这是职场发展的永恒定律。

当上司把你打入“冷宫”的时候就说明他对你的信任已经到了一个极限。这个时候如果你还是不懂得把握机会去修复，你在公司的位置就会很危险。但是这也不是无法挽救，毕竟老板还没有把你解雇，你还有机会重新获得老板的信任。

但如果你最后用尽了所有的方法也唤不回上司的热情，那就不要再死守在这个单位了，此刻选择跳槽或许会是更好的选择。只要我们还有自己的职业所长，还有自己的职业价值，去到哪里都能好好工作和生活。

第二章 和同事相处有技巧

人际关系对事业的发展有极大帮助，无论公司的制度有多完善，亦需要所有同事配合。和睦的工作环境，同事间亲和融洽，上下一心，必然会让事情更顺利，更能做出成绩。所以，同事关系不可忽视。

1 要会合作，单枪匹马难成事

独木难成林，再优秀的员工，如果不能与团队作战，那也难取得成功。这是千古不变的至理名言。

在公司中，我们不难发现那种很有才华，却喜欢吃独食的人。这样的人让公司的管理者非常头痛。一位总经理提到自己当年在某大公司做策划部主任，遇到了一个非常没有团队意识的员工时说："我的部门里有这样一个年轻人，明明极为聪明，他的策划案创意非常好，点子也非常多，但是当公司开策划会的时候，他从来不主动发言，你问到他头上，他也不一次把所有想法都说出来。可你要求他自己出策划案时，他时常会冒出那些闪着火花的创意，又让你不得不承认他做得漂亮。他总是自以为是，而且公开宣称'我自己的创意为什么要给别人'。我几次跟他谈过，一个部门的成绩是大家一起创造的，在一个集体里没有与自己无关的事。可他说，不是我分内的事我为什么要替别人操心？唉，人是聪明人，就是没有团队意识。"

这样的员工个人意识特别浓。与团队意识相对立的就是个人英雄主义，一味地追求个人卓越而忽视或无视团队的成败。但是单枪匹马在任何工作中都不可能出彩，因为现在已经是一个合作的时代。如果只要个人英雄主义，只觉得自己比任何人都强，这样的人迟早会栽跟头的。

查斯特是一个业务员，他的销售技能和业务关系都非常好，因此他的业绩在公司里是最好的。取得成绩以后，他就开始对别人指手画脚了，尤其是对那些客户服务人员。

本来这些客户服务人员非常支持查斯特的工作，只要是他的客户打来的电话，客服就会马上进行售后服务的。但是由于查斯特动辄就说“我给你们饭碗，没有我你们都要饿死”，要不然就是说这些客服人员服务不好，他的客户向他投诉等。客服人员对他说的话表面上置之不理，暗地里却通过行动与他对抗。后来，凡是查斯特的客户打来的电话，客户服务人员都一拖再拖。最后，这些客户打电话给查斯特，并把怒火发到他的身上。由于后继服务不到位，查斯特的续单率非常低，原来的客户也都让其他业务员抢走了。

每一个员工的成绩都是在团队的共同资源中创建的，因此唯我独尊的员工最要不得，肯定要受到同事的挤对。一个人再有才能，也不可能离开他人而独立生存，否则会把人际关系搞得十分紧张，以至于不欢而散，时间长了，同事们对他避而远之，他自己也就成了真正不受欢迎的孤家寡人，他还能做成什么事？不管做任何工作，不仅得不到同事的半点帮助和支持，还会时时受到同事们的排挤，得到来自各个方面的牵制，同事们也会时时不忘给他使使“绊子”、扇扇凉风，这样的人，注定在职场上一事无成。

一个没有团队意识和团队精神的员工，很难在工作中创造出卓越的成绩，即使他非常有才华。单枪匹马难成事，员工只是团队中的一员，他成功的背后有很多起推动作用的人。如果只顾要个人英雄主义，肯定最终一事无成。不仅英雄当不成，什么都干不成。

团队精神是人的社会属性在当今的企业和其他各社会团体内的重要体现，事实上它所反映的就是一个人与别人合作的精神和能力。团队成员间相互依存、同舟共济，互敬互重、礼貌谦逊；彼此宽容、尊重个性的差异；彼此间是一种信任的关系、待人真诚、遵守承诺；相互帮助、互相关怀，大家彼此共同提高；利益和成就共享，责任共担。具有这种精神，才能与团队里的每一个成员和睦共处，团结齐心，把工作做到最好，在团队的成功中收获自己的成功。

树立团队精神需要团队成员彼此的信任与尊重。信任是合作的基础和前提,它能够提高团队的合作能力,促进沟通和协调,能够提升合作的品质,能产生相互支持的功能。

要想赢得别人的信任,就要诚实、正直、廉洁、不欺骗、不夸大,要愿意跟别人分享信息,个人的一贯表现都要一致,要以一种有尊严、光明正大的态度待人。这涉及做人的道理,真正成功的人不是靠技巧成功,而是靠内在的品德修养成功。

1914 年,托马斯·沃森创办了闻名于世的 IBM 公司。他看到当时有些企业内部风气不良,许多资历老的员工欺压新来者,新老员工之间结下仇怨,职工内部很不团结。为了避免由于内部不团结而造成生产损失的情况在 IBM 公司里发生,托马斯·沃森提出了“必须尊重每一个人”的宗旨。

托马斯认为,尊重人就要讲公平,只有平等对待,互相尊重,才能形成团结友爱的氛围。因此,沃森叫人专门制订了工作礼节的自我检查手册,人手一册,随时对照检查。为检查职工是否遵守必要的礼节,他在各个基层中,任命 1 或 2 名任期为 1 年的“礼节委员”。

另一方面 IBM 公司的管理人员对公司里任何员工都必须尊重,同时也希望每一位员工尊重顾客,即使对待同行竞争对象也应同等对待。在 IBM 公司里,每间办公室、每张桌子上都没有任何头衔字样,洗手间也没有写着什么长官使用,停车场也没有为长官预留位置,也没有主管专用餐厅。IBM 公司有这样一个非常民主的环境,每个人都同样受人尊敬。

每个人都有受人尊重的愿望,希望能有更多的自我表现机会,以实现自身的价值,如果这种愿望能充分地得到满足,就会产生一种新的鼓舞力量。

团队精神能让员工都能在团队中取长补短。著名心理学家荣格曾列出一个公式:I+We=Fully I。意思是说,一个人只有把自己融入集体中，才能最大程度地实现个人价值，绽放出完美绚丽的人生。认识自己的不足，善于看到别人——尤其是同事——的长处，是具有良好的团队精神的基础。

你应该时常地检查一下自己的缺点，比如自己是不是还是那么对人冷漠，或者还是那么言辞锋利。这些缺点在单兵作战时可能还能被人忍受，但在团队合作中会成为你进一步成长的障碍。团队工作中需要成员在一起不断地讨论，如果你固执己见，无法听取他人的意见，或无法和他人达成一致，就不可能融入团队，团队的工作就无法进展下去。如果你意识到了自己的缺点，不妨就在某次讨论中将它坦诚地讲出来，承认自己的缺点，让大家共同帮助你改进，这是最有效的方法。当然，承认自己的缺点可能会让你感到尴尬，但你不必担心别人的嘲笑，你只会得到他们的理解和帮助。

团队精神要求我们随时保持协同合作的态度。麦肯锡公司的人力资源经理说："他们在招聘人员时，一位履历和表现都很突出的女性一路过关斩将。在最后一轮小组面试中，她伶牙俐齿，抢着发言，在她咄咄逼人的气势下，小组其他人几乎连说话的机会也没有。然而，她落选了。"人力资源经理认为，这个女性尽管个人能力超群，但明显缺乏团队合作精神，招这样的员工对企业的长远发展有害无益。

团队是一个有机的、协调的并且有章可循的结构合理的整体。这个整体的能力并不是它所属成员的能力的简单算术和，而是一种不论在数量上还是质量上都远远超出其每个成员的能力的新的力量。

一个人的能力是有限的，当一项工作或任务远远超出个人能力范围时，进行团队协作就势在必行。团队不仅能够完善和扩大个人的能力，还能够帮助成员加强相互理解和沟通，把团队任务内化为自己的任务，真正做团队工作的主人，这样的团队会战胜一切困难，赢得最终的胜利。而作为这样的团队成员也会在团队协作这个过程中迅速地成长起来。

2 学会与各种类型的同事相处

所谓“人上一百，种种色色”，在一个单位内天南海北的人走在一起，共同工作，自然会各有各的性格，各有各的习惯，各有各的长处，也各有各的短处。正像一位哲人所说的，人与人的差异有时比一个人与一只猴子的差异还要大。所以，不要指望用一把尺子衡量每一个人，也不要指望用一种方式接触每一个同事。但要与每一个同事和谐相处，就要学会与不同类型的同事相处的技巧，掌握不同的工作分寸，才能和大家和睦共处，相依相帮。

(1)对口蜜腹剑的同事，微笑着打哈哈

如果这种人与你是同级同事，最简单的应付方式是假装根本不认识他。每天上班见面，如果他要与你亲近，你就以工作忙等理由马上闪开，不给他任何接近的机会。能不做同一件工作，尽量避开不要和他一起做，万一真的无法避开的话，就一定要小心谨慎，言谈只围绕着工作展开，不说不做任何与工作无关的事情。

如果他比你高一级别，比如是你所在部门的负责人，你要装得有些痴呆的样子，他让你做任何事情，你都唯唯诺诺满口答应下来。他和气，你要比他更客气。他笑着和你商量事情，你便笑着猛点头。万一你感觉到他要你做的事情太毒太损，你也不要当面拒绝和当场翻脸，你只能笑着推诿但誓死不接受。

(2)对吹牛拍马的同事，不要与他为敌

如果他是高你一级的同事，他吹牛拍马对你有益无害，纵然你从心里瞧不起他，但不必表露出来，可适当地与他搞好关系。如果他与你同级你就得千万小心，不可与他为敌，平时见面笑脸相迎，和和气气，你好我好大家好。如果你有意孤立他,或者想找他的麻烦,他就很可能把你拿来当做他往上爬的垫脚石。倘若他是你的部下,你一定要冷静地对待他的阿谀奉承,看清楚他到底居心何在。

(3)对尖酸刻薄的同事,要保持一定的距离

尖酸刻薄型的同事,是在公司里较不受欢迎的一种人。他们的特征是在和别人争执时往往挖人隐私不留余地,同时冷嘲热讽无所不至,让对方的自尊心受损,颜面尽失。这种人平常还以取笑同事、挖苦老板为自己的乐趣。你不幸被老板批评了,他会说:“这是老天有眼,罪有应得。”你和其他同事发生误会,他会说:“狗咬狗一嘴毛,两个都不是好东西。”你去批评部下,他知道了也会说:“有人是恶霸,有人是天生的贱骨头。”

尖酸刻薄的同事天生伶牙俐齿不饶人,由于他的这种行事作风,在公司里几乎不会有任何朋友。他之所以能够暂时生存下来,是因为别人不愿搭理他。若某天遭到众怒,定会被治得很惨。

如果这类人是高你一级的同事,你唯一可做的就是换个部门工作,但在事情还没有眉目之前,千万别让他知道。否则,他会集中全力攻击你。如果你们两个是平级同事的话,最好的办法是和他保持距离,不要招惹他。万一吃了亏,听到一两句刺激的话或闲言碎语,就装作没听见,切不可轻易动怒,否则是自讨没趣,惹鬼上身。若他是你的部下,你得稍微多花时间和他聊聊天,讲些人生的善良面,告诉他做人厚道仁义自有其好处。或许你付出的爱心和教诲,有时会有份意想不到的收获。

(4)对雄才大略的同事,要虚心学习

这样的同事胸怀大志,眼界开阔,而不是斤斤计较。他们在工作时,不忘记充实自己并广结善缘。除了完成自己的工作外,他们还会帮助其他同事。每到一个地方,无论他是否待很久,或者成为正式的主管,他都能在极自然的状况下影响别人,控制群体的行动。俗话说:“虎行天下吃肉。”雄才大略的人,见识往往异于常人,思考方式也有其个人特色,他在时机不成熟时可以长期忍耐,无论是卧薪尝胆或是从你胯下爬过去,他都能欣然接受。但是,时机一旦成熟,他会奋臂而起,如鹰冲天,没有人能与之争锋，当然，不是每个有雄才大略的人都能成就大功大业的。但是，做人处事自有风格，不卑不亢、不急不躁是他的本色。

如果他是你的主管，你要明白自己是跟对人了。你要虚心地向他学习，亦步亦趋，片刻不与其相离。当曲终人散时，不要别人都受益匪浅而你却两手空空。若是同级，利益一致的话，大可共创一番轰轰烈烈的事业。如果一山不能容二虎，也可合纵连横，各取所需，各享其名，各得其是。若以上都行不通的话，你可以全心全意地帮助他，自己将来多少也留下识才的美名。若他是你的部下，你应有自知之明，知道他非池中之物，有朝一日他一定会超过你。你应该虚心地接纳他，给他实质性的帮助及肯定。经济学上称之为投资，到时候一定是有利润的。

(5)对愤世嫉俗的同事，要学会睁只眼闭只眼

愤世嫉俗型的同事对社会上的某些现象非常看不惯，认为社会变了，世风不古，人心愈来愈险恶，快活不下去了，并把自己的这种情绪带到工作当中来。和这类同事共事，有其好的一面，因为他们某天突然对公司的某些制度、福利有意见时，往往会冲到最前面为大家谋些利益，而不惜牺牲自己。但千万要注意，倘若你的某些行为或所具备的气质引起他的愤恨，那么他会处处跟你为难。这种人最大的特点就是爱走极端，所以，对付愤世嫉俗型的同事最好敬而远之，睁只眼闭只眼算了。

(6)对敬业乐群的同事，工作要卖气力

这种类型的同事由于工作态度和处事方法正确，颇受公司的肯定和同事的爱戴。凡是他在的单位及群体，都会有着不错的工作业绩。这种同事，会感染其他工作同仁，让组织或部门朝着正面的方向发展，给其他同事带来一个合作和谐的工作环境。

当公司顺利时，大家共同努力，共享成果；当公司不顺时，大家都咬紧牙关，奋发图强，再创生机。平时没事的当儿，他会主动地练新手，培养团体实力；工作忙碌的时候，他又能影响同仁，相互支援。所以，这种同事，无论高你一级或是平级，还是你的下属，在和他们一起工作时，你要学着和他一样敬业乐群。

(7)对踌躇满志的同事,要尽量顺着他

踌躇满志的同事,对任何事物都有自己的主见。他之所以踌躇满志,是因为他一直处在一种极顺的状况下,使他不曾吃过失败的苦头,因此也不怕失败。这种同事不会接受别人的意见,如果你聪明的话,在没有利害冲突的情况下,只管顺着他,不要作无谓的争论。

如果他是你的主管,那么你在他面前不要乱出点子,尽管照着他的意思去做,他会把他的意思讲得很清楚。因为他怕你笨,所以也会多讲一遍。最后,再问你一次,懂了吗?等你回答懂了,他才算数。有时,他也会很有礼貌地征询一下你对他的看法,有没有意见?此时你要做的就是立即肯定他的意见。你若稍有犹豫或再多问上两句,都会被他嗤之以鼻。和同级的这类同事相处,不能让着他,只有让他尝到某些失败的苦头,才能真正地改变及帮助他。对这种类型的部下,要交给他一些难度较高的工作给他做。做成功了,也不赞许;做失败了,让别人去做,让他知道人外有人、天外有天。

(8)对口是心非的同事,不要抱幻想

这类同事经常对你说些很动听的话,他们之所以这样说是因为他们知道你喜欢听他们这样说。俗话说:"哄死人不偿命。"但是,你切记对这类同事不要抱有任何幻想,因为他们绝不会自找麻烦来实现对你的承诺,仅是说说而已。他说给你介绍个客户见面,当你做好了与客户见面的准备时,他却又找了个借口溜掉了。所以,你若对这类同事抱有希望,只能怪自己犯了"幼稚病",对他们的话应当作过眼云烟,听过就算;也不要因为他们的不守信而大动干戈,树无谓的强敌。

(9)对事事同意的同事,不要期望过高

这种同事对任何人的建议都给予鼓励支持,好像他们不会压制任何人的创造力,他们最喜欢说的话就是"我同意""可以这样干"等等。遗憾的是,他们说完了就没有了下文。他们会对任何建议给予一视同仁的赞赏,所以他们的赞赏从根本上来讲毫无意义。所以,当你有项目或为更好地完成老板所布置的任务需要找个人商议时,不要去找这种人,因为这只能浪费掉你的时间，而对事情本身毫无价值。

(10)对无事不通的同事，不要过于认真

这类同事有个雅号叫“活字典”，似乎世间万事万物他们无所不知无所不晓。对他们来说，没有他们不知道的事，只有他们不想知道的事。这类同事自认为有着计算机一般的脑子、冠军般的信心、蜗牛般的直觉，在他们的字典里唯独缺少“我需要帮助”、“我错了”、“这件事我不知道”一类的词语。

这类同事的外表很能迷惑人，所以你一定要把眼睛放亮点，认清其真实面目。要知道，他们若真是如此“博才多学”，那早就成就了一番事业，至少也该是个部门的负责人吧，不会仅是个小职员。对待这类同事“热心的指点”，你要学会一只耳朵进，一只耳朵出，面子上要敷衍，不必让他们下不了台，但心里一定要清楚地认识到:他们所持的意见往往是断章取义或道听途说的，只会将人引上歧途。

(11)对人格僵化的同事，要尽量满足他们的虚荣心

人格僵化的同事最易得到老板的赏识。他们长时间地加班加点工作，并在每个细节上苦下工夫，对自己的要求也较高。所以在老板眼里，他们是以勤奋工作、高扬敬业精神而出众。其实你仔细观察会发现:他们是不会为难自己的，因为他们所关心的无非是些无关紧要的细节问题。不管他们是在数回形针，还是打扫一下清洁，他们都表现出一副“鞠躬尽瘁，死而后已”的样子。

所以，你一定要努力避免和这种同事一道工作。因为“人比人，气死人”的道理是明摆在那儿的，他的外表假象早已迷惑了老板。倘若你不能做成他那个样子，一定会被老板认为工作不卖力。这时，你要对这类同事所持有的“工作精神”加以经常赞扬，满足他们所渴求的那份虚荣心，这样他们也许会在老板面前替你美言几句。

(12)对多嘴多舌的同事，不要说出真心话

这类同事似乎天生就爱管闲事，整天啰唆个不停，像个长舌妇一般，把传小道消息当做自己的本行，对别人的事情往往表现出极大的关心。

他们会对你说:“有什么心里话请对我讲吧,我会为你保守秘密。”但其实这是根本不可能的,他们无非是想从你那里获取点谈资又去对别的同事卖弄一番。这种人唯一的好处是每当他们从你这得到一点消息后,他们就会觉得有义务告诉你一点有关别人的秘密,这样也有助于你对其他同事的性格以及其他同事间的交往有所了解。但危险在于,他们既然会对你公开别人的秘密,同样也会对别人公开你的秘密。明白了这一点,你就自然会明白该如何对待这类同事了,关键在于千万不能把自己的真心话告诉他。

(13)对佯装无能的同事,要防止他们推诿扯皮

佯装无能的同事表现会像个“大孩子”:不会用复印机(这自然要请别人帮忙),不会用计算机(结果使整个工作速度变慢),无法应付一个很小的客户或一笔很小的业务(这也自然要请别人参谋),等等。而其实他们这一切只不过是做戏而已,目的在于偷奸耍滑,只要能不干就不干,以虚心请别人帮忙的态度把自己分内的工作给别人做。倘若一旦出了事,他们自然也不会承担任何的责任。

对待这类同事的请求你应该持回绝的态度,因为这种帮助是毫无止境的,只要有了一次就会有二次,没完没了的,到头来只能影响到自己的工作效率。所以你应该对他们说:“对不起,我也很忙。”当然,态度尽量和颜悦色,他们碰了一次“软钉子”后自然会知趣地走开。

(14)对刻板过分的同事,尽量不给他们留下坏的印象

不懂随机应变,不知变通,“一根筋”,如果你平时在他心目中留下了不好印象,哪怕只是一次,也会在他的心目中留下较深的烙印,虽然他不会故意为难你,但他可能会说出有损于你的话来。因此,平时不论大小事,千万不要给他留下坏印象。

(15)与内心阴暗的同事相处

所谓“阴暗心理”通俗地说是见不得别人的好,见不得世间美好的东西。见到别人比自己好,就有一种说不出来的不舒服。

在我们平时的工作中,有一些人平时无论多么的道貌岸然、可爱纯真,但其内心是极不健康的,他们是容不得别人比自己优秀、比自己过得好、比自己快乐等等。只要你比他快乐,他就一定想尽办法来搅乱你的生活。这样的人就是严重的“阴暗心理”病人。

小米在公司很多年了,一直和同事相处得不错,但是最近上司却发了一封邮件给小米,希望小米可以注意一下自己对待客户的态度。

小米莫名其妙就被上司批评了,她甚至不知道自己什么地方做得不好。她想一定是自己的某一个客户投诉自己了,但是不对啊,公司有很完善的投诉机制,如果自己被投诉了,一定会知道发生了什么事。

几经辛苦打听,她才知道,因为她的业绩和客户在公司里都是非常好的。而小米的同事小琳业绩一直不错,但却一直超越不了小米,于是小琳就写了一封匿名的邮件给上司,投诉她没有好好对待客户。但是没有证据,小米没有办法向老板澄清事实。

从那以后,上司对小米的信任和重视明显下降了。

短短的一封信,就让小米辛辛苦苦建立起来的信誉都消失了,这一切自然让小米愤怒又委屈,但是,身在职场你自己都不知道保护自己,又怎么能怨恨别人。很多人会说:“我怎么知道她是那样的人?”

是啊,你不知道,但是你应该学会去知道!身在职场,害人之心不可有,但是防人之心绝对不可无。在我们日常的工作中,一定要学会去提防这种内心阴暗的同事,那么这类被冤枉、自己的努力被盗取的事件就不会再发生了。

一般来说,有着阴暗心理的人的确是不容易对付,那么,我们应该如何与有阴暗心理的人安全相处呢?

一是对他们持理解、同情的态度。从心理学角度来分析,阴暗心理主要是由遗传因素决定的。因此,我们必须将阴暗心理看作是一种普遍的人性的缺陷。那么,对这样的人我们应该秉持一种深切的同情态度,尽可能帮助他们正确看待别人的成功与一帆风顺,引导他们将妒忌心理转化为自己追求卓越的动力。

二是尽量避而远之，若是被咬住，则无情揭露他们的阴暗面。有人觉得，要防止有阴暗心理的人的恶意中伤，跟他们走近些似乎更安全。这样的认识太幼稚，须知有阴暗心理的人的本质是容不得别人的好。当他攻克了既定的目标，下一个目标没准儿就是你了。

故此，不要心存侥幸，必须尽量避而远之。若是遇到紧追不放，要当机立断，无情揭露，坚决打击，将真相大白于天下，并以此警醒别人。

三是调整认知，争取在别人的阴暗心理中看见自己的崇高与价值。当碰到别人与你说别人坏话的时候，你只微笑就行了，然后保持沉默，尽量转移话题。俗话说："君子坦荡荡，小人长戚戚。"这样，反倒衬托出我们心底的坦荡与崇高。

四是积极利用有阴暗心理的人的负面激励作用。如果被攻击的人从此消沉下去，一蹶不振，那么正中有阴险心理的人下怀！这样做或许有助于事件迅速平息下去，但行恶者的阴谋就得逞了。这显然不是我们所希望看到的。很多人都是职场马大哈。但是一旦确定你的身边有心理阴暗人，你可真不能再继续马大哈下去，学会与有阴暗心理的人相处，是你职场生存的必须，否则等到被冤枉、被整蛊，甚至被辞退的时候再来后悔可真是不值了。

可见，不愿意也不能与同事建立良好的人际关系的人，是极其利己的占便宜者，他不能为别人提供任何帮助，必然会遭架空；而乐于助人、乐于合作者会很快被大家接纳，从而得到更多的支持和帮助，取得更大的成就，获得更大的成功。

3　把握好与同事相处的原则

同事之间的关系是协作关系，同事之间协作的程度很难把握，在远与近之间、深与浅之间、热情与冷淡之间究竟怎样做才是对的，怎样做才是错的呢？其实只要把握好基本的原则，同事之间的关系也是非常好处的。

(1)距离原则

俗话说“距离产生美”，职场也是一样，必要的距离是保证同事间亲切和睦关系的前提。在办公室里人人都应友好，特别对同性则更应如此。因为每个人来公司上班均是为了生存，大家同在一个屋檐下，为了一个共同的目标，感受同一种压力，工作中谁也少不了谁，因而如果可以以一颗同情心来看待同伴的话，关系将很容易处理。但要注意保持距离，关系既不能太好，也不能太差，如果关系太近，会让上司误认为你在搞小帮派、小团体。如果与同事之间关系太远，也会被人认为你孤僻、不合群。不得罪也不讨好，不远不近的距离是最好的、最安全的。

当然，对于真正投缘的同事来说，距离再近一些，发展成为要好的朋友，也未尝不是一件好事。但职场上一定要注意自我防护，即使是同事，也“不可全抛一片心”，为人还是谨慎些、小心些为妙。

对异性同事，距离更加重要。对异性采取大方、不轻浮的态度是同异性工作交往中一个很重要的原则。其中包括行为和言语两方面。以尊重对方是异性工作伙伴的关系来处理办公室中的一些事务，将会使某些复杂的事物变得简单一些。千万勿将办公室的异性关系处理成类似“恋爱关系”所期望的那种结果，也不要与某个异性发展成比之其他异性更为亲密的关系。下班以后做朋友是另外一回事，但在办公室内千万要区分“急缓重轻”的关系。

既是同事、朋友，就有共同语言、互有好感的人，如果你没有意思将这种关系发展为恋情，就应当将感情投入限制在友谊的范围内，即使很有好感，也不应表露出来。如果对方射来丘比特之箭，也应明智地将其化解。千万不要给对方以默许和鼓励。

(2)友善原则

真诚友善，是人际交往的基本原则，也是职场交往的黄金规则。任何时候都以一种友善的态度对待同事，对待每一个人，你的人脉必会大大增加。

同事的工作受阻，或遇到挫折和不幸，往往是相互之间建立真诚和信任的重要时机，在这种关键时刻要特别留心，把同事的境遇挂在心上，及时给以真诚的关心和帮助，处理各种事情，要设身处地替人着想，只有这样，同事之间的友谊才能地久天长。

要处处替他人着想，首先切忌以自我为中心。要搞好同事关系，就要学会从其他的角度来考虑问题，善于作出适当的自我牺牲。要做好一项工作，经常要与别人合作，在取得成绩之后，要求共同分享，切忌处处表现自己，将大家的成果占为己有。提供给他人机会、帮助其实现生活目标，对于处理好人际关系是至关重要的。替同事着想还表现在当他人遭到困难、挫折时，伸出援助之手，给予帮助。良好的人际关系往往是双向互利的。给别人的种种关心和帮助，当自己遇到困难的时候也会得到回报。

其次，要胸襟豁达、善于接受别人及自己。要不失时机地给别人以表扬。但须注意的是要掌握分寸，不要一味夸张，从而使人产生一种虚伪的感觉，失去别人对你的信任。

再次，要掌握与同事交谈的技巧。在与同事交谈时，要注意倾听他的讲话，并给予适当的反馈。聚神聆听代表着理解和接受，是连接心灵的桥梁。在表达自己的思想时，要讲究含蓄、幽默、简洁、生动。含蓄既表现了你的高雅和修养，同时也起到了避免分歧、说明观点、不伤关系的作用，提意见、指出别人的错误，要注意场合，措词要平和，以免伤人自尊心，产生反抗心理。幽默是语言的调味品，它可使交谈变得生动有趣。简洁要求在与人谈话时该说的说，不该说的不说。与人谈话时要有自我感情的投入，这样才会以情动人。此谓之生动。当然要掌握好表达自己的技巧，需要不断的实践，并不断地增加自己的文化修养，拓宽自己的视野。

最后，要抽时间和同事打成一片。培养自己多方面的兴趣，以爱好结交朋友，也是一种好办法。

另外，互相交流信息、切磋自己的体会都可融洽人际关系。搞好人际关系是一门艺术。所有的人都需要不断地学习和实践，才能臻于娴熟。

希望你能根据自己的具体情况，作一个自我分析，从而冲破自我封闭的篱笆，虚怀若谷，去建立一个和谐的人际关系。

友善原则就是大家互相帮助、互相体谅的原则。能做到这一点，同事相处一定会融洽和谐。

(3)真诚原则

既要和同事搞好关系，又不能在关键时候被"朋友"卖了。对人诚恳，对事精明是需要谨记的法则。

尊重别人。首先，不要试图改变谁。也许工作多年的老员工在公司里是混混日子的，但是人家也比你多了那么多年的资历，轮不到你来说话，你能做的就是埋头干好自己的事，积累自己的资本。其次，尊重别人。接线生、前台乃至于电梯工之类的人，对他们的微笑要和对老板的一样。人际关系是个全方位的立体概念，真诚地对待每一个人。

是否要让同事成为你的密友良知是个需要特别慎重的题目，由于一段时间之后，你可能与这些人形成监视和被监视的关系，或是其他各种双重关系，这会产生各种问题，尤其是敏感的办公室爱情。然而，在现实中人们又老是倾向于与同事形成非常紧密的人际关系，这是一个很有难度的领域，需要通过很长的时间才能作出良好判定。在无法判定之前，和大家都保持相同的亲密度是最稳妥的。

真诚还要诚信，要说到做到，一诺千金。言必信、行必果，在同事交往中非常重要。说话做事都就要考虑责任感，没有把握或做不到的事，不要信口允诺，不能说空话大话。允诺了的事不管有多困难，也要千方百计地去兑现。因其他原因在做事或工作中，要有毅力，有恒心，凡考虑成熟的事就要善始善终，决不中途松懈，虎头蛇尾。这样，在人际交往中才能表明你是个有见地、有能力和可信赖的人。诚心诚意，不分彼此，亲密无间的合作，当然是同事之间最美妙不过的事了。

(4)谦虚原则

在同事面前，不该说的不要说，特别是涉及单位别的同事、工作任务或看不惯的现象，不要发牢骚。说多了会引起别人的反感。最稳妥的办法是少说多做，用行动来表达自己的观点。比如，你看不惯同事总迟到，如果你善意地提醒他注意准时上班，他或许认为你多管闲事，倒不如你每天提早 10 分钟上班，把卫生打扫干净、整理好材料，几天下来，你的无声的批评会令他汗颜的。

日常工作中不难发现这样的同事，他们虽思路敏捷，口若悬河，但刚说几句就令人感到狂妄，所以别人很难与他沟通。这种多数都是因为太爱表现自己，总想让别人知道自己很有能力，处处想显示自己的优越感，以为这样才能获得他人的敬佩和认可，其实结果只会在同事中失掉威信。

在这个世界上，那些谦虚豁达的人总能赢得更多的知己，那些妄自尊大、小看别人、高看自己的人总是令别人反感，最终在交往中使自己到处碰壁。

何先生是一位很有人缘的骨干，但他刚到人事局时，在同事中几乎一个朋友都没有。因为他正春风得意，总是跟同事说有多少人找他帮忙，哪个几乎记不清名字的人昨天又硬是给他送了礼等等，同事们听了不仅不欣赏，而且还极不高兴。后来经当了多年领导的老父亲指点，他才意识到自己的毛病。从此以后便很少谈自己而多听同事说话，因为他们也有很多事情要吹嘘，远比听别人吹嘘更令他们兴奋。后来，每当他与同事闲聊，总是先请对方滔滔不绝地表现自己，只有在对方停下来问他的时候，才很谦虚地说一下自己的情况。

谦虚的人往往能得到别人的信赖，因为谦虚，别人才不会认为你对他有威胁，这样你就会赢得别人的尊重，更好地与同事建立关系。，要学会谦虚，只有这样，我们才会永远受到别人的欢迎。为此，卡耐基曾有过一番妙论："你有什么可以值得炫耀的吗？你知道是什么原因使你没有成为白痴吗？其实不是什么了不起的东西，只不过是你甲状腺中的碘而已，价值并不高，才五分钱。如果别人割开你颈部的甲状腺，取出一点点的碘，你就变成一个白痴了。在药房中五分钱就可以买到这些碘，这就是使你没有住在疯人院的东西——价值五分钱的东西,有什么好谈的呢?”

(5)双赢原则

一般而言,与同事有点小想法、小摩擦、小隔阂,也是很正常的事。但千万不要把这种“小不快”演变成“大对立”,甚至成为“一山容不了二虎”的敌对关系。殊不知在“小不快”的时候还可以在一起合作和共事,但在产生“大对立”以后,连在一起共事也做不到了。所以,为了不要在同事中树敌,必须把握好以下几点:

一要正确对待同事的批评。如果同事对你的错误大加抨击,即使带有强烈的感情色彩,也不要与之争论不休,而是从积极的方面来理解他的抨击。这样,不但对你改正错误有帮助,也避免了语言敌对场面的出现。

二是真心关心别人的成就。关心同事的成绩,是化敌为友的纽带。对别人的行动和成就表示真正的关心,是一种表达尊重与欣赏的方式。如果同事喜欢夸耀一下自己与工作无关的成就,你就表示关切与祝贺,就会赢得他的好感。

三是对同事的意见很“在意”。当同事对你很郑重地表达某种意见时,听完之后,不妨扼要重复他的观点,表明你很“在意”他提出的观点。还可在以后的工作中在相关的问题上提及他的意见,表明你对他很尊重,很重视,很肯定,很支持,很赞赏,很钦佩。

四是敢于认错。同事指出你的错误,一定要很感激地致谢,并以“良药苦口”、“当面纠错是最大的爱护”来恭维人家。而且,积极认错能够很快让对方闭上嘴巴,以免他“越说越来劲”。

五是不要向同事亮出自己的“底牌”。让同事摸不到你的底细,有利于保持自己的神秘感。工作不要太靠前,也不要太靠后。既要让同事知道你有较强的工作能力,又不在同事面前出风头,尽可能不引起同事的嫉妒,让同事忽略你是他最有力的竞争对手。

六要保持工作严谨,生活检点,不要在工作和生活上给同事留下小辫子,免得同事向上爬时拉你的辫子或踩你的肩膀。

七要紧睁眼,慢张口。看清了事情的本质再说话,而且涉及飞短流长和对领导或同事评头品足的话不要说，免得被同事利用，或以此制造谗言，破坏你与领导或其他同事的关系。

八要一视同仁。不要刻意讨好某位同事，要尽可能用人格的力量多争取人缘，有了人缘，才能获得日后晋升的群众基础。尽可能多地帮助同事分忧解难，真心的帮助，也能换来真心的感激。

(6)哈哈原则

作为一个公司的同事，大家经常一起去吃饭、唱歌、聊天，这样既有助于增加同事之间的感情，又可以放松一下紧张的心情，一举两得。同时由于上司不在场，气氛轻松，同事之间可说是无话不谈，大家把工作时对上司和公司的不满，趁机都发泄出来。

在这种场合，虽然大家表面都表现得轻松随意，但要注意自己的举止和言谈，千万不要毫无顾忌地为了满足一时之快乱说一通，如果被某位好事者打了小报告，那岂不是自找倒霉，但是也不能时时处处谨小慎微，与同事在一起时，什么都不说容易被同事误认为你是上司的心腹，而招致大家对你的不满。聪明的做法是适时地附和一些无关紧要的非原则性的话题，不主动对某事某人作出评价。尤其是对公司中传出的男女关系绯闻也不要主动谈及，以免事后以为是你在说闲话。

不要在办公室聚在一起说东道西，论人长短。这种搞小圈子的行为是上司最讨厌的，对你的前途有害无益。成熟的你可以偶尔参加一些议论，但你议论的对象应是公司以外的问题，千万不要议论本公司的某人。如果他们谈及同事的缺点和私事，你应该保持缄默或是打“哈哈”，切记不要加入他们的谈话。同事间相处的最高境界是永远把他人当作好人，但却永远记得每个人不可能都是好人。

如果在工作中遇到同事来诉苦的事情，往往令人进退两难。牢骚者大都是点明某人某事，在处理方法和待遇方面存在不公正。在遇到这种事情时，要做到既关心同事的切身利益，又不卷入其中。即使你十分不愿意听，也不能对前来诉说的同事置之不理，以免产生不必要的误会，使同事对你逐渐疏远，你可以推说自己现在很忙，手头工作还没有做完，没有时间闲聊。或装作听不懂对方所说的话,打几个"哈哈"了事。不时地插问些风马牛不相及的问题,使对方失去耐性,但最好的办法是对爱发牢骚的同事敬而远之。

4 不可说的话不要说

在办公室里,同事每天见面的时间最长,谈话可能涉及工作以外的各种事情,讲错话常常会给你带来不必要的麻烦。办公室说话不是百无禁忌、想说就说的,而是要"三思而后开口",谨慎小心地说。

场面上的人说话要有分寸。分寸拿捏得好,很普通的一句也会平添几许分量。话少往往精练,让人觉得你是经过深思熟虑才说出来的。话太多往往容易失控,话的质量随数量的上升而下降,头脑发热,忘了什么能说什么不能说,公事私事搅在一起,彻底曝光。

(1)在办公室里不谈私人生活

有许多爱说话、性子直的人,喜欢向同事倾吐苦水。虽然这样的交谈富有人情味,能使你们之间变得友善,但是研究调查表明,只有不到1%的人能够严守秘密。所以,当你的个人危机和失恋、婚外情等发生时,你最好不要到处诉苦,不要把同事的"友善"和"友谊"混为一谈,以免成为办公室的注目焦点,也容易给老板造成问题员工的印象。

无论失恋还是热恋,别把情绪带到工作中来,更别把故事带进来。办公室里容易聊天,说起来只图痛快,不看对象,事后往往懊悔不迭。可惜说出口的话泼出去的水,再也收不回来了。把同事当知己的害处很多,职场是竞技场,每个人都可能成为你的对手,即便是合作很好的搭档,也可能突然变脸,他知道得越多越容易攻击你,你暴露得越多越容易被击中。

千万别聊私人问题,也别议论公司里的是非短长。你以为议论别人没关系，用不了几个来回就能绕到你自己头上，引火烧身，那时再逃跑就显得被动了。

(2)薪水也是需要回避的话题

很多公司不喜欢职员之间打听薪水，因为同事之间工资往往有个小差别，所以发薪时老板有意单线联系，不公开数额，并叮嘱不让他人知道。同工不同酬是老板常用的手段，用好了，是奖优罚劣的一大法宝，但它是把双刃剑，用不好，就容易促发员工之间的矛盾，而且最终会掉转刀口朝上，矛头直指老板，这当然是他所不想见的，所以对“包打听”之类的人总是格外防备。有的人打探别人时喜欢先亮出自己的底牌(其实这样的人亮出来的价值也不大，主动亮牌的往往没好牌)，比如先说“我这月工资……奖金……你呢?”如果她比你钱多，她会假装同情，心里却暗自得意。如果她没你多，她就会心理不平衡了，表面上可能是一脸羡慕，私底下往往不服，这时候你就该小心了。背后做小动作的人通常是你开始不设防的人。

首先，不做这样的人。其次，如果你碰上这样的同事，最好早做打算，当她把话题往工资上引时，你要尽早打断她，说公司有纪律不谈薪水；如果不幸她语速很快，没等你拦住就把话说出来也不要紧，用外交辞令冷处理：“对不起，我不想谈这个问题。”这么有来无回一次，就不会有下次了。

(3)不谈论公司里的人和事

即使老板泡小蜜是公开的秘密，你也别插嘴，你能不听就不听，能溜最好。人事关系最微妙，有人升迁，有人被炒。你不是老板，你不知原委就免开尊口，至于谁是老板的亲戚你知道就得了，犯不上宣扬或跟人背后嘀咕。同样，有些话类似“公司福利不好”，“公司老让加班，不给加班费”……在同事之间，这种话说也白说，因为大家都不是老板。反而话这样被传来传去，被添油加醋，让你再解释的机会都没有。“没有不透风的墙”，老话自有道理。今天你和某同事说“小张能力不行，办不成事”，过不了两天话就传到小张耳朵里了，你还不知情，就把人得罪了。人多少有点报复心，不定哪天你叫人收拾了，哭都不知道为什么。或者你跟一个要好的同事说说怎么整治老板、如何偷懒之类的小伎俩，万一哪天他晋升了，而且是你的顶头上司，你说你是不是有点尴尬？保不准你走运，成为他的主管，想一想从前说过的话，多少也会有点不自在。早知如此，何必当初。

(4) 办公室里最好不要辩论

有些人喜欢争论，一定要胜过别人才肯罢休。假如你实在爱好并擅长辩论，那么建议你最好把此项才华留在办公室外去发挥，否则，即使你在口头上胜过对方，但其实是你损害了他的尊严，对方可能从此记恨在心，说不定有一天他就会用某种方式还你以颜色。

(5)不要成为耳语的散播者

耳语，就是在别人背后说的话，只要人多的地方，就会有闲言碎语。有时，你可能不小心成为“放话”的人；有时，你也可能是别人“攻击”的对象。这些耳语，比如领导喜欢谁，谁最吃得开，谁又有绯闻等等，就像噪音一样，影响人的工作情绪。聪明的你，要懂得，该说的就勇敢地说，不该说就绝对不要乱说。

(6)当众炫耀只会招来嫉恨

有些人喜欢与人共享快乐，但涉及你工作上的信息，譬如，即将争取到一位重要的客户，老板暗地里给你发了奖金等，最好不要拿出来向别人炫耀。只怕你在得意忘形中，忘了有某些人眼睛已经发红。

家庭财产之类的私人秘密不必到处张扬.就算你刚刚新买了别墅或利用假期去欧洲玩了一趟，也没必要拿到办公室来炫耀。有些快乐，分享的圈子越小越好。被人妒忌的滋味并不好，因为容易招人算计。无论露富还是哭穷，在办公室里都显得做作，与其讨人嫌，不如知趣一点，不该说的话不说。

在办公室里大谈人生理想显然滑稽，打工就安心打工，雄心壮志回去和家人、朋友说。在公司里，要是你没事整天念叨“我要当老板，自己置办产业”，很容易被老板当成敌人，或被同事看作异己。如果你说“在公司我的水平至少够副总”或者“35 岁时我必须到部门经理”，那你很容易把自己放在同事的对立面上。因为野心人人都有，但是位子有限。你公开自己的进取心，就等于公开向公司里的同僚挑战。僧多粥少，树大招风，何苦被人处处提防，被同事或上司看成威胁。做人要低调一点，是自我保护的好方法。

5 善于“见什么人说什么话”

不能说的话不说，但并不是让你沉默不语，什么话都不说，而是要能说、会说、巧妙地说，完美地说。

在一个单位里，同事众多，什么样的人都有，所以说话也要特别注意，说话时一定要看对象，见什么人说什么话，对不同的人要学会说不同的话，投其所好，让别人觉得和你说话如沐春风，才能与每一个人都能自如地沟通，与每一个人都能和谐相处。

说话不看对象，千篇一律，见谁都说一样的话，肯定不会受到欢迎，有时还会伤到对方，得罪了对方，而自己还像马大哈一样不自知，说不定哪一天同事对你积聚的怒火就会爆发，影响到你与同事的关系了。但是，如果熟悉对方的性格、兴趣、爱好及当时的心情等情况，和他谈一些他感兴趣的话题，并时时恭维或是奉承几句，让别人感觉到被尊重和被重视，那效果肯定大不一样。不论是托人办事还是拉近关系，都会有很好的效果了。

所以，到什么山唱什么歌，见什么人说什么话，对于与同事和谐相处是非常重要的。

无论在事业上或是在人际关系上，如果你遇到不如意，请别说“只要我喜欢，有什么话不可以说”，你应该学会见人说人话，见鬼说鬼话。

“见人说人话，见鬼说鬼话”这句话，虽然常常用来批评别人油滑、投机、不诚恳，但它反映了与人沟通要因人而异，选择不同的话题，才能使双方进行有效沟通。

见人说人话，就可以和人沟通；见鬼说鬼话，就可以和鬼沟通；但是见人说鬼话，见鬼说人话，那就无法有效沟通了。

由此看来，见人说人话，见鬼说鬼话是沟通的秘诀，也是和人相处、交朋友、给人好印象、了解对方的秘诀。这是一种交际的方式技巧，一种沟通的艺术。

见什么人说什么话，也就是说和对方交谈时，应尽量使用对方能够认同的语言，并说对方熟悉、关心的话题。

比如你和有小孩的女性聊天，可说说孩子教育和柴米油盐酱醋茶；和贸易公司职员聊天，可说说市场的景气问题……说得不深入没关系，只要你开口了，他们便会不由自主地告诉你很多关于他自己和工作上的事情。如果你还善于引导，他恐怕连心事都要掏出来了。

俗话说“秀才遇到兵，有礼讲不清”，就是没有看对象说话的结果。所以，说话前要先看看周围有些什么人，这些人目前又是什么状况，分清对象和状况，才能很好地沟通，也达到自己想要的效果。

古代有个叫许允的人在吏部做官，在他当政时，提拔了很多自己的同乡。魏明帝察觉之后，便派虎贲卫士去抓他。

许允的妻子告诫他说：“明主可以理夺，难以情求。”意思是让许允向皇帝申明道理，而不要寄希望于哀情求饶。

于是，当魏明帝审讯许允的时候，许允十分坦诚地回答说：“陛下规定的用人原则是‘举尔所知’，我的同乡我最了解，请陛下考察他们是否合格，如果不称职，臣愿受处罚。”

魏明帝派人考察许允提拔的同乡，结果发现他们在自己的岗位上很勤奋也都很称职，于是将许允释放了，还赏了他一套新衣服。

许允提拔同乡，是根据封建王朝制定的人才荐举制的任官制度，并没有什么违法之处，合乎皇帝认可的“理”。许允的妻子深知跟皇帝打交道，难于求情，却可以“理”相争，于是叮嘱许允以“举尔所知”和用人称职之

“理”，来抵消提拔同乡、结党营私之嫌。这可以说是善于根据说话对象的身份来选择说话的绝好例子。

其实同事之间都很熟悉，一些繁文缛节都可以忽略，但也要高度注意说话的分寸和尺度，把握好语气和措词，才能使同事关系更和谐融洽。

与上司说话或是与同事探讨工作，就应该尽量用请教的语气。向他们多请教工作方法，多讨教办事经验，他会认为你尊重他，看得起他。在工作中，在办事过程中，对于某些不太清楚的地方，应主动去请示领导：“关于这事，我不太了解，应该如何办？”“这件事依我看来这样做比较好，不知您有何高见。”

上司一定会很高兴地说“嗯，就照这样做”或“这个地方你要稍微注意一下”或“大体这样就好了”。这样做，做下属的不但会减少错误，当领导的也会感到自身的价值，改善双方的关系，增进双方的感情。

在与同事交谈时，要注意倾听，并给予适当的反馈。聚神聆听代表着理解和接受，这是连接心灵的桥梁。

6　不必事事都较真儿

做人当然要做一个正直的人，是非分明的人。但凡事不能一概而论，有时你也要学会不分青红皂白，要打掉牙往肚里吞，因为还有比是非更为重要、更有实际意义的东西，因此我们不必都较真儿。

(1)聪明的人会装傻

古话说得好“难得糊涂”，在职场上，并非什么事都要弄个水落石出、谁是谁非的。有些事，不妨糊涂些好，装装傻也未尝不可。因为装傻其实就是一种聪明。

“您好，杰克先生，”阿明对老总说“昨天我交给您的文件签了吗？”

杰克先生转动眼睛想了好一会，然后翻箱倒柜地在办公室里折腾了一番，最后他耸了耸肩，摊开两手无奈地说：“对不起，刘先生，从未见过你的文件。”

如果阿明是刚从学校毕业，他会义正词严地说：“我看着您的秘书将文件摆在桌子上的，您可能将它卷进废纸篓了！”可阿明现在才不会这样说呢。既然老总能睁眼说瞎话，阿明又何必与他计较呢？阿明要的是他的签字。于是他平静地说：“那好吧，我回去找找那份文件。”于是，阿明上楼回到自己的办公室，把电脑中的文件重新调出再次打印，当他再把文件放到杰克先生面前时，杰克连看都没看就签了字，其实他比阿明还清楚文件原稿的去向。

如果阿明和他较真，不仅签不了字，也许连工作也会丢掉了。何必呢？

职场上，很多时候谁是谁非并不重要，也不必弄得那么清楚。特别是在涉及上司或是老板的时候，就像阿明那样才是高明。即便阿明知道上司错了，阿明也会开动脑筋为上司寻找一个下台的台阶，无论如何解决冲突的前提是合作！

对上司如此，对同事更要如此，才能促进和谐相处。

(2)别让同事下不了台

人人都爱惜自己的面子。聪明人在与同事交往的过程中，从不会把话说死、说绝，说得自己毫无退路。例如，“看你做的那些蠢事”“谁像你那么不开窍，要我几分钟就做完了”“你跟××一样缺心眼儿，看他那巴结相”这些话无论是谁听了都不会痛快，显然是大大损伤了别人的面子。

人人都有自尊心和虚荣心。但很多人却总爱扫别人的兴，当面令同事面子挂不住，以致当面撕破脸皮，互不相让，翻脸成仇。纵使别人犯了错，而我们是对的，如果不能为别人保留面子，也许会毁了一个人。

时时想到保留他的面子，这是何等重要的问题！而我们却很少有人考虑到这个问题。许多人常常喜欢摆架子、我行我素、挑剔、恫吓，在众人面前指责同事或下属，却没有考虑到是否会伤别人的自尊心。其实，只要多考虑几分钟，讲几句关心的话，为他人设身处地地想一想，就可以缓和许多不愉快的场面。

(3)众怒不可犯

在一个公司里，得罪一两个人或许是不可避免的，但是千万记住不要犯了众怒，人人得而诛之的滋味是工作缺少技巧的表现。

有许多员工常常以很“公正”很有“原则”的姿态出现，在为公司效力时，不惜为此得罪大多数人。这是愚蠢的，同时也是无效的。虽然说真理往往掌握在少数人手里，但少数人为了维护真理需要付出代价，你觉得合算吗？何况，在企业的管理过程中，如果制度不适合大多数人，或犯了众怒，那管理本身就有问题。“摸着石头过河”的过程中，执行管理的人无疑成了制度的牺牲品。而犯众怒的人，上司也不会久用。他可能一时认为你很有“原则”，为他得罪人，但当他发现你已经引起众怒，给他带来无尽的麻烦时，他不得不考虑是维护你一个，还是向众人让步，他很可能把你推出当“替罪羊”。

是否犯众怒虽不是员工检验自己正确与否的标准，但犯了众怒，没有好下场却是一条真理。

另外一些人犯众怒则完全是出于有所倚仗。他们与上司关系密切，也经常得到上司的赏识和支持，便错误地认为上司会在任何情况下都站在他那一边。他们或为了炫耀自己一人之下、万人之上的特殊身份，不把同事放在眼里；或为了拍马屁，表示对上司的忠心而有意苛责大家，可是，这也同样犯了常识性的错误。

(4)不能事事斤斤计较

同事间长期相处，难免会发生一些不愉快的事，只要不是大是大非的原则性问题，大可不必斤斤计较。别人若对你耿耿于怀，你决不要以牙还牙，相反若以自己真诚大度的人格力量去感染对方，则有可能化“敌”

为友。

小杜以前有一个同事气量特别小，跟办公室里的同事都争吵过，最后大家都不理他了。后来他生病住院，同事们谁都不想去看他。我觉得毕竟同事一场，抬头不见低头见，还是买了点营养品去看望了他。他望着我，激动得热泪盈眶，出院后不但性格改了不少，还跟我成了至交。

同事间不必斤斤计较，有些事过去了也就让它过去，耿耿于怀于谁都不利。同事间偶然发生一些不尽如人意的事在所难免，如别人倒水淋湿了你的衣服；走路碰落了你桌上的东西；忙乱中拿错了你的物品……对别人的无心过失与冒犯，决不要疾言厉色地指责，使人下不了台，而应平心静气地对待，有时还不妨设身处地为别人想想，自己是否也有应该检查的地方。把这样的小事牢记在心，耿耿于怀，只能说明你气量狭小，没有风度，让同事对你敬而远之。所以，同事相处，不要斤斤计较，什么事都记在心里，甚至还表现在脸上。这是非常不好的一种恶习，一定要改掉。

7 受到同事的排挤要巧妙应对

如果有一天，你发现你的同事突然一改常态，不再对你友好，事事抱着不合作的态度，处处给你设难题刁难你，出你的洋相，看你的笑话，你就得当心了，这些信息向你传送了一个危险信号：同事在排挤你。被同事排挤，必然有其原因。这些原因不外乎以下几种情况，要学会小心应对，才能保你一切顺利：

(1)近来升级连连，招来同事妒忌，所以群起排挤你；这时候一定要低调谦虚，切不可张扬炫耀，更不能在同事面前耀武扬威。

(2)你刚刚到本单位上班,你有着令人羡慕的优越条件,包括高学历、有背景、相貌出众,这些都有可能让同事妒忌。这种情况也很自然,所谓“不招人妒是庸才”,能招人妒忌也不是丢面子的事。其实只要你平日对人的态度和蔼亲切,同事们不难发觉你是一个老实人,久而久之便会乐于和你交往。另外,你可以培养自己的聊天魅力,因为同事们的最大爱好之一就是聊天,通过聊天改变同事对你的态度。

(3)雇佣你的人为公司内人人讨厌的人物,故连你也受牵连。这是你本人的不幸,唯有等机会向同事表示,自己应聘主要是喜爱这份工作,与雇佣你的人无关,与他更不是亲戚关系。只要同事了解到你不是密探身份,自然会欢迎你的。

(4)衣着奇特、言谈过分、爱出风头,令大家都看不惯,因而产生排斥心。这时候就要检讨自己了。要看看其他同事的装扮和言谈,尽量“随大流”,不过分不张扬,就能受得同事的欢迎。

(5)过分讨好上级而疏于和同事交往。谄媚的人总是让人瞧不起,所以你要先反省一下,因为问题是出在自己身上,如果想令同事改变看法,唯有自己作出改善。平时不要乱发一些惊人的言论,要学会当听众,衣着也应切合身份,既要整洁又要不招摇,过分突出的服装不会为你带来方便,如果你不是土包子,就是为了出风头,这会令同事们把你当成敌对的目标。

(6)妨碍了同事获取利益,包括晋升、加薪等。如果有这样的情况,你要注意你做事的分寸。升职、加薪、条件改善甚至领导一句口头表扬都是同事们想获得的奖励,争夺也在所难免,虽然大家非常努力地工作,但彼此心照不宣,谁都想获得一种优先奖励。

总之,当你感觉到同事们都在排挤你的时候,一定要先从自己身上找原因,自我反省,然后有的放矢地改正自己身上的毛病,以真诚坦荡的心来对待同事,一般来说都能重新得到同事的欢迎。

8 有同事和你争功要灵活处理

当你挖空心思想出一个好主意，或者你勤奋工作为公司发展做出了极大贡献时，却有人试图把这份功劳归为己有。面对这种情况，你该怎么办？总不能整天气急败坏吧？下面几种方法或许对你有所帮助。

(1)用短信澄清事实

当然，首先写的信不能有任何坏的影响，短信内容一定不能让对方产生不快。写信的主要目的是要委婉地提醒一下对方，自己当初随便提出的想法，是怎样演变到今天这个令人欣喜的样子。在信中适当的地方，你可以写上有关的日期、标题，可以引用任何现存书面证据。

在短信的最后要建议进行一次面对面的讨论，这是很重要的，这能让你有机会再次含蓄加强一下你的真正意思:这主意是你想出来的。

如果真的有人把你的功劳忘记了，想把功劳归属于自己，那么这个方法能为你争回功劳起一定作用。

(2)夸赞抢你功劳的人，然后重申功劳是自己的

说这番话的时候，要再一次对这同事的独一无二的才能和见解大加赞赏。这种方法对职业女性来说特别需要。很多研究者发现，女性员工喜欢从“我们”的角度——而不是“我”的角度来做事，所以她们的想法和首创就常常会被男性同事挪用。如果着眼于事情的积极一面——你的同事也是想方设法要干出最好的工作，而且他(她)对要做的事情也有独到的看法——也许会有助于你解决这个可能很棘手的问题。

当你觉得这个方法比较适合你应用时，你就应早点行动，如果等你的同事把你的想法散布开时再行动，困难就大得多了。

(3)退出争夺战

初看起来,这似乎不是一种方法,或者不能算是一种很好的方法。但对某些人来讲,这或许是最好的。你应该问一问你自己:哪个更重要,是把这个想法付诸实施,还是独自拥有想出这个点子的名誉?这是一个复杂的问题,特别是对女性来说,什么时候应该跟男同事理直气壮地理论“挪用他人想法”的问题,什么时候又应该为本机构作出一些牺牲呢?在作出决定时,应该考虑一下,要打这场“官司”得花费多少精力。在某些情况下,比如你正要接受一次重要的提升,要付出大量的时间和精力;或者除了原则问题之外其他并无妨碍,而要证明所有权只能使你疲惫不堪,也许还会让你的上级生气,让他们纳闷你为什么不能用你的时间来做点更有意义的事情。在这些情况下退出争夺战显然是明智之举,是上上之策。

9 避免同事对你的嫉妒

在现代竞争激烈的职场环境里,女同事之间的嫉妒尤为突出,在一些职业女性看来,自己办不到的事最好别人也不要办成,自己得不到的东西最好别人也不要得到。在职场里,女人之间不光是妒色,更多的是妒才。

在工作中你如果是个突出的女人,可能时刻地会感受到嫉妒的存在。嫉妒你所处的职位、工作能力以及受上司的赏识程度;乃至你的容貌、衣着;甚至家庭经济状况等等。

遭人嫉妒虽然不全是坏事,但必须谨防“枪打出头鸟”,如果你遭人嫉妒,该怎么办?

要做女同事欣赏的职业女性,首先要学会巧妙地消除其他女同事对自己的嫉妒。以下几点建议可供大家参考:

(1)化嫉妒为感谢

如果在同事当中有人因你的美丽仪表风度而忌妒你，不妨把你的美容方法传授给她，根据她的个人条件指点她的穿戴，让她变得优雅起来。当她因为你的指点而得到别人赞美时，她会非常感谢你的。

(2)化嫉妒为同情

如果你是一个出类拔萃的职业女性，在工作中可能有很多女同事忌妒你，尤其是那些年纪比你大，资历比你深的人，更会以为将要获得晋升的应该是她而不是你！

但是请你先别生气，先别痛心，千万不要以为她们的情绪反弹是专门冲着你来的，要理解她们失意的心情。同时，你要多编造或挤出自己生活中许多还不如她们的“隐情”，告诉她们你是多么的苦恼或不幸，假说什么丈夫冷淡啦、孤独寂寞啦，等等。让她们觉得你其实也不容易，有些地方远不如她们。而且你要切忌张扬，谦和地夹起尾巴做人，以此唤起忌妒者心理的平衡，反而对你会生出些好感或同情来。

(3) 让出名利

有一些女人与同事的关系不好，是因为过于计较自己的权益，老是争求种种的“好处”，时间长了难免惹起同事们的反感，无法得到大家的尊重，而且这样做总在有意或无意之中伤害了同事，最后使自己变得孤立。而在事实上呢，这些东西未必能带给你多少好处，反而弄得自己身心疲惫，并失去了良好的人际关系，可谓是得不偿失。如果对那些细小的、不大影响前程的好处，多一些谦让，一些荣誉称号多让给其他同事等等，再比如与他人共同分享一笔奖金或是一项殊荣等等，这种豁达的处世态度无疑会赢得人们的好感，也会增添你的人格魅力，会带来更多的回报。

在职场中，职业女性要想处理好复杂的人际关系，提升自己在办公室中的地位及赢得其他女同事的欣赏，就得会巧妙地处理女同事的嫉妒。

10 谨守同事之间的新式规则

办公室的同事关系，说来有点玄妙，日日与你相对的人，既是出力干活的合作伙伴也是升职提薪的竞争对手，前辈们关于同事关系已经有好多告诫了，似乎你不得不步步设防，小心从事。可是，被网络文化、新经济浪潮灌溉的新新人类冲入了职场，同事规则正悄悄地发生着变化。

在IT、媒体、律师所、网络公司等聚集了高文化高素质青年人才的行业里，同事关系与过去相比已有了很大变化。同事间不再像过去那样暗地里使绊子，不屑于用那些背后损人的花招，他们关心的是怎样才能通过最佳的合作达到资源的最好组合，带来最多的效益。不仅在工作上这样，在生活上也是如此，他们认为这种新型的同事关系是互动互惠的。

如果你是一个已身置这些职场或是准备投入其中的白领，对这种新的游戏规则就要有更多的了解，才能与他们和谐相处，并从中享受这样的同事关系所带来的好处和乐趣。

规则一：透明竞争，不玩阴招

对于老板来说，他们看中的是你的才能与创意可以给事业带来的活力和效益，用人的目的很明确，所以他们晋升和提薪的标准是你的业绩，采用的是透明的竞争机制，而任人唯亲或拉帮结派则是大忌。

而周围的同事也讨厌那些喜欢搬弄是非，玩弄阴招的人，他们更愿意与那些有才气且志趣相近的同事相处。

许多新行业需要的是团队的配合，同事时常一起加班研讨，长时间的共处，使彼此更为了解，成为知心朋友，这点与传统的职场人际关系完全不同。所以你不要抱着同事是“冤家”、“敌人”的成见，否则你难以立足，更难发展了。你与新新同事的共处原则是彼此尊重、配合，然后尽管施展你的才华，在透明竞争中求发展。

规则二：个人喜恶，勿入职场

你有自己的喜恶，但要记住切勿将此带入职场，因为你的那帮新新同事可能都很有个性，有自己独特的眼光，每个同事都与你一样有着自己的喜好，也许他们的衣着打扮或是言谈举止不是你所喜欢的，甚至为你所讨厌，你可以保持沉默，可不要去妄加评论，更不能以此为界，划分同类和异己，你最好能多点“兼容”。要是为此而惹恼他们，那你会树敌过多，在办公室的处境就大大不妙了。相反的，你的包容则会赢得他们对你的尊重与支持。

规则三：个人隐私，不必交换

新新同事的生活方式、思想观念大都较为前卫，许多私事不喜欢让人知道，哪怕是最要好的朋友。他们比其他的群体更注意捍卫自己的隐私权，所以你可别轻易侵入对方的这个“领地”，除非对方自己主动向你说起。在他们看来，你亲切地问起，“你最近怎么样啊”，尤其是像“和你的女(男)朋友怎么样啊”、或者“和你老婆(公)怎么样啊”这类话题，是无聊、没有修养的低素质行为，除了大而化之地回答“还行”或者“挺好”之外，他们大多会守口如瓶。

这就意味着你与这类同事在一起时，得掌握交友的尺度，工作或是信息上的交流、生活上的互助，或是一起游玩都是让双方感到高兴的事，可别介入他们的隐私，不然你会引起对方的不快，并且为此而把你看做是无聊之辈，轻视了你。

同时对自己的隐私也要把握好尺度，别人不一定有兴趣分享你的心事，知道你的什么秘密也许是个负担，千万别把人家当成了心理医生。

规则四：生活伙伴，互利互惠

在传统职场上，同事间除了工作上的接触，生活上几乎没有来往，甚至大家都在有意躲避，可对于新新同事来说，同事间应当是最好的生活伙伴，互相帮忙和照应是最方便不过的。比如一起租套好住宅，一起打车上下班，既方便也实惠。所以当同事有意接纳你做他们的生活伙伴，不妨高兴地接受,因为这在经济上是互惠互利,在工作上则提供了方便之处,也促进了人际关系的融洽。

规则五:经济往来,AA最佳

对于新新同事来说,都有挺可观的收入,加上乐于享受生活,所以会经常聚会游玩,还有产生各种新型的生活组合,经济上的来往较多,最好的处理方法就是采用AA制。这样大家心里头没有负担,经济上也都承受得起。当然如果是碰上同事有了高兴的事主动提出做东,你就给对方一个面子吧,有祝贺的话奉上就好。

规则六:培养乐趣,快乐悠游

新新同事不怕加班,可他们更懂得享受,他们要挣多多的钱,然后让自己的生活过得更有乐趣,所以在闲暇之时,他们喜欢与同事一起出去分享快乐,郊游、烧烤、蹦迪、泡吧,内容丰富。你不妨多找些与他们相近的爱好和乐趣,邀他们一起行动,共同分享,这不仅让你获得更多的快乐,缓解内心的压力,更有助于培养和谐的人际关系,从而在工作上"配置"得更好。

11 巧妙减少与同事之间的矛盾

每一个职场人都会和同事相处很长时间,而有相处就会有矛盾,尤其是在竞争激烈的办公室里。这些矛盾有的在明处有的在暗处,但是无论怎么样,我们都要学会去化解,去减少矛盾的产生,只有这样才能最大限度地为自己营造一个良好的工作环境。

陈为翔是一个27岁的男人,硕士学历,刚刚从一家大型国有企业跳槽到了一家民营企业。之所以要到这家民营企业工作,是因为他不愿待在国企里慢慢混到老，他希望能闯出自己的一片天。

可到了新单位之后，陈为翔才发现，工作环境跟想象的差太多了。新单位的员工大部分都是中专、大专学历，陈为翔觉得，这些比他学历低的同事都在排斥他。

刚进入公司，难免有一个熟悉过程，可每当陈为翔笑着向同事询问一些问题的时候，他们大都不理不睬，甚至他还会被奚落："研究生连这都不知道？"

有同事的客户来了，他就让陈为翔端茶送水扫地，稍有怠慢，又是一阵嘲笑："研究生白读了，连地都扫不干净。"对于同事要求帮忙，陈为翔差不多都会爽快地答应，并做好。可他发现，做好之后往往得不到感谢，他们反而认为，这是他应该做的。

才一个月，陈为翔便开始怀念原来的单位了。

矛盾无论是和哪个同事发生，都会影响工作，何况是像陈为翔这样与整个办公室的同事都不和。

对于职场中的同事矛盾，很多人总觉得都是别人的错，自己完全正确。其实一个巴掌拍不响，矛盾的产生是双方面的。主动站出来化解矛盾的并不是认错的那个，而是勇敢的那一个，勇敢地改变这种状态，勇敢地去化解矛盾才能在职场上走得更远。

那么，我们到底应该怎样化解矛盾才有最佳效果？

(1)距离产生美

就算是关系很好的同事，也要保持一定的距离。同事可以一同吃喝玩乐，但不可谈任何实质问题，更不宜交心。这样才能最大限度地避免矛盾的产生。

(2)至少尽量与某个同事搞好关系

找一个平时态度还不错的同事出来喝茶，吃点东西。以工作为名，向他好好讨教如何处理办公室里的人际关系，听听他的建议。态度要诚恳，表达出自己非常想融入这个集体的心情。当然，约他出来吃饭的事情，尽量不要让别的同事知道,避免招惹闲言碎语。

(3)尊重同事的意见

同事之间由于经历、立场等方面的差异,对同一个问题,往往会产生不同的看法,引起一些争论,一不小心就容易伤和气。而在这里,尊重就变得尤为重要。

(4)宽容忍让,学会道歉

同事之间出现矛盾是很正常的,你能主动忍让,多为别人着想,用你的真诚就可以很轻易地化解矛盾。

(5)把挑衅的语气改一改

很多时候和同事的矛盾不是什么大事,就是因为大家的语气不是很好。所以,适当地把语气改一改,多一些尊重和友好。

职场中,同事之间的竞争越来越激烈,在竞争的同时,矛盾的产生也是不可避免的。有了矛盾就应该去化解,而不是放任矛盾不断地激化,这样不仅对你的情绪有很大影响,而且还会影响工作,甚至阻碍你事业的发展。

与同事间的矛盾减少,你的人缘当然就好了,同事也都能真心地为你说话,甚至在上司面前夸你,那你升职的机会就会更大,甚至这还能为你升职之后培养一批忠心的下属做准备。

敏敏刚到公司就听人说张姐是如何如何厉害,虽然不是什么经理主管,但同事们都非常怕她,谁跟她合作最后都会被批。

敏敏听了这些以后觉得张姐这个人真的很可怕,一心祈祷自己不要和张姐合作。可是事与愿违,最近公司一个项目竟然就是安排敏敏和张姐一起完成,上司还叮嘱敏敏好好做,这次能让张姐带她是她难得的学习机会。

敏敏和张姐接触几次之后发现,张姐这个人也不是特别难相处,而且敏敏还发现张姐非常在乎她的儿子,只要儿子有什么问题,张姐心情马上就不好了。比如说这几天张姐正在为儿子找补习老师烦恼,她的儿子太皮，很多老师来了一次就都不来了。敏敏知道以后就给张姐介绍了自己的一个同学，这个同学一直在做家教，经验很丰富，而且水平也很高。

原本只是好心介绍一下，没想到却帮张姐解决了心里的难题，张姐的儿子居然非常喜欢这个老师，不但学习认真了，成绩也提高了。能有这样的结果张姐自然高兴得不得了，对敏敏自然也另眼相看了。

在后来的工作中，张姐对敏敏的帮助很多，两个人出色地完成了工作，老板表扬她们的时候，张姐却一直在表扬敏敏，说敏敏能干、好学。同事们听到都震惊不已，奇怪敏敏怎么就把这个难搞的张姐给征服了。

其实要一个人夸自己，你就要能够带给他们一定的利益，就像敏敏为张姐解决了麻烦，张姐自然会抱着一颗感恩的心来看待敏敏，不再用挑剔的眼光来看待她。

不要觉得同事有多可怕，其实他们也很容易被你征服。总是强调你和同事的竞争关系不是一件好事，不要忘记你和同事之间还有一种合作关系。所以努力经营好你们的合作关系，就能让同事真心地夸奖你。

不过，要让同事在上司面前夸你，也是有一些小技巧的。

(1)和同事合作的时候，尽量让他得到一些实际利益

既然他们得到了一些利益，自然就会为你说好话，毕竟你为他创造了利益。

(2)在同事夸你之前，你先在老板面前夸他

也许在这个工作上他并没有太大的功劳，但你还是应该要赞扬他，而且你应该让他体会到你的真诚。

(3)在工作上信任他，甚至成为他的伯乐

有的同事一直都默默无闻，大家都没发现他的闪光点。如果你能发现并让他发挥他的才能，“士为知己者死”的观念就会让他对你感激不尽。

(4)在工作的时候帮助同事一起进步

也许某项技能是你擅长的，那你就不要吝啬，教他一些，帮助他一起进步，在上司面前自然他就会为你说好话，因为你是他的老师和指导者。

其实很多人看到这里都会觉得这怎么可能,同事在工作中不给你制造麻烦已经是非常不容易的事情了,要他夸你,这比登天还难。

其实即便是同事也可以培养出感情,只要他能够真心佩服你、喜欢你、信任你,那么他们在上司面前夸你就不是什么不可能的事。

12 让每一个同事都欢迎你

同事间的交往,是仅次于家庭成员的交往和接触的。可以说除家庭之外,在我们社会关系中最重要的关系就是同事关系了。我们每个人都但愿自己能在单位这个大集体中创造出和谐友好的同事关系,由于同事间的关系是一种互相依存、通力合作的工作关系。因此,做一个受同事欢迎的员工,对自己的工作开展和工作时的心情都是非常有利的。

以下八招保证让你受所有同事的欢迎:

(1)谦逊是金,不要夸耀自己的过去

初涉新单位,总想让同事尽快了解和认识自己,以期引起同事的留意,这是与同事交际中的普遍心理。在这种心理的支配下,一些人经常在不经意间谈论自己"从前如何如何"。这是一种适得其反的做法,即使你曾有过十分不凡的过去,但说者无心,听者有意,同事们当即就会产生反感,以为你是在表扬、夸耀自己。

有一位在企业从事统计工作的女性,调到某机关的第一天,就与目前的同事大谈自己的过去,并无意间冒出一句"像我这类人在企业都属于上上人"。结果,同事大为反感:你是上上人,还调到我们这里干什么?于是群起而攻之,不出 3 个月,此女便被架空出局。准确的做法是:谨言慎行,泛泛地了解同事的简历,适时求教,较多地了解工作程序。

至于自己，可在以后的交往中让同事逐步了解。这样，则会给新单位的同事留下一个沉稳谦逊的第一印象。

(2)敬而远之，不要频繁接触上司

上司是每个人员工作的领导者和考核者，把握着支配我们利益获取和事业成败的“生杀大权”。因此，很多人都在绞尽脑汁讨好和巴结自己的上司。

初到新单位，切不可陈波逐流，步入这一误区。其原因有三：一是其他同事与上司频频接触或逢迎拍马，大家习以为常，见怪不怪，而你则往往受到注视，引起同事们的嫉妒和反感。二是你初来乍到，对上司的操行、学识、习性不甚了解，频繁接触上司会泛起种种尴尬，即使你是博取上司欢心的高手，在此时亦会捉襟见肘，弄巧成拙。一旦引起上司的反感，其结局则可想而知。三是频繁接触上司还会引起同事的猜疑，尤其假如你是女性的话，则以为你与上司有某种特殊关系，到时闹得飞短流长，那才是“出师未捷名先臭”呢。

(3)尊重他人，女性不要在办公室化妆、试衣

爱美是女人的天性。经由精心梳妆的职业女性更有动人的风貌。但是也有一些女性化妆成癖，落拓不羁，绝不顾忌打扮的场合，竟将办公室当作化妆间梳头洗脸、涂脂抹粉。

更有甚者，一见某女同事穿件新衣或穿双新鞋便生羡慕，偏要裸着半壁肌肤或光着脚丫试穿，搞得在座的男同事芒刺在背，极为尴尬。

这不仅是对男同事的大为不恭，同时也是一种轻浮、无教养的丑陋表现。这种被男士视为“最讨厌的女人”，在工作中又怎能得到他人的尊重和帮助呢？

(4)热心助人，不要在同事工作时聊天

我们经常在一些单位看到：一部门人工作繁忙，另一些人却在说说笑笑，正所谓“忙的忙死，闲的闲死”。

你若赶上这种情形，应该主动帮助正在忙碌的同事做些力所能及的

工作。假如插不上手，则可以静下心读些业务书籍、资料。这样可以获得大多数同事的好感，以为你是个既有目力又乐于助人的人。那些曾被你相助的同事亦会心存感谢，在你今后的工作中也必会伸出援助之手。反之，你介入到聊天的行列，那些因工作忙碌着的同事就会心烦气躁，原本看到其他同事无所事事但碍于情面不便指责，心理已不平衡，而你一个新人有何德何能不好好工作？这样，你早晚都会成为同事们指责、泄愤、架空的靶子。

(5)与人为善，不要充当告密者

同事交往中，免不了要发些牢骚，说些闲话，间或牵扯到某甲某乙的是非长短。此时，作为新人千万不要参与，更不要为讨好甲或乙而将这些话语传递给他们。最好的做法是借故走开，耳不听为净。“长短只因多启齿”，说人闲话、打小讲演历来被人所不齿。

人们通常把热衷于此道的男人叫做“搅事油子”，而把女人称为“长舌妇”。这在很大程度上表达了人们的痛恨之情。

(6)爽快大方，不要拒绝同事的哀求

经由一段时间交往，大家彼此相识，有同事就要拿你“开涮”，好比要你请大家吃饭或到歌舞厅“洒脱走一回”。这时，你就不应该拒绝，即使你打心眼里觉得彼此的交情尚不到令自己主动“出血”分上，也要爽快允许。

其实，从某种程度上说，同事们并不是真的要“宰”你一顿，而是一种半真半假的玩笑，旨在摸索你的为人。你若允许，就显得大方、爽快、随和；若拒绝则显得孤僻和小家子气，而很多同事都喜欢大方、爽快的性格。

(7)权衡大局，不要把功绩包揽给自己

工作成绩是衡量一个人工作能力的标准，是加薪晋职的蹊径。某些人为达此目的，经常掠夺他人的成绩，不惜踩着同事的肩膀往上爬，令人感到十分的卑鄙可耻。

作为新人，切不可这般急功近利，尽管你付出种种艰辛把工作干得有声有色，但也要分一杯羹给同事，多摆出同事的功劳。由于任何一个人功绩的取得，都与其他同事有着千丝万缕的联系，同时新人今后的路还很长，只要赢得了同事们的心，就是赢得了更多的提升机会。而那种心胸狭隘、只顾面前利益的人，则被同事视为另一种“最讨厌的人”，也势必成为众矢之的。

(8)一视同仁，不要与某一同事过分亲密

有的人为挣脱在新环境中孤掌难鸣的窘境，往往抱有尽快觅到几个要好朋友的心理，与少数同事交往过甚。殊不知，“欲速则不达”，这不仅会引起厚此薄彼的嫌疑，还会招致无聊同事的闲言碎语，乃至闹出一些说不清查不明的“桃色新闻”。

一言以蔽之，只要你面临新同事留意润饰自己的言行举止，给同事们留下谦逊、稳重、热心、大方的第一印象，那么你就会在纷繁复杂的茫茫人海中如鱼得水，游刃有余。即使在今后的交往中有所谬误，也会获取同事们的谅解和关爱。

每个步入新工作岗位的人，都但愿尽早地与目前的同事融洽相处，团结互助。只要充分把握以上几点，就能与新同事建立一种和谐的人际关系，这不仅有益于工作水平的进步，还会令人心情愉快。

13 注意同事间相处的禁忌

(1)切忌拉小圈子，互散小道消息

同事之间切忌私自拉帮结派，形成小圈子，这样容易引发圈外人的对立情绪。更不应该的是在圈内圈外散布小道消息，充当消息灵通人士，这样永远不会得到他人的真心对待，只会对你唯恐避之不及。

(2)切忌趋炎附势，攀龙附凤

做人就要光明正大、诚实正派，人前人后不要有两张面孔。领导面前充分表现自己，办事积极主动，极尽溜拍功夫；同事或下属面前，推三阻

四、爱理不理，一副予人恩惠的脸孔。长此以往，处境不妙。

(3)切忌逢人诉苦，抱怨不尽

把痛苦的经历当作一谈再谈、永远不变的谈资，不免会让人避让三舍。所以“职场祥林嫂”不可取。要学会忘记过去的伤心事，把注意力放到充满希望的未来，做一个生活的强者。这时，人们会对你投以敬佩多于怜悯的目光。

工作时应该保持高昂的情绪状态，即使遇到挫折、饱受委屈、得不到领导的信任，也不要牢骚满腹、怨气冲天。这样做的结果，只会适得其反。要么招人嫌，要么被人瞧不起。

(4)切忌故作姿态，举止特异

工作不同于学校，工作场所也不是休闲场所。所以无论穿衣打扮，还是举止言谈，切忌太过前卫，给人风骚或怪异的印象，这样会招致办公室内男男女女的耻笑。同时，大家会认定他(她)没有实际工作能力，是个吊儿郎当、行为怪异的人。

(5)不能养成坏习惯

有一些坏习惯，看似无伤大雅，实际上却危害巨大，不仅伤害同事间的感情，也会给自己的工作带来不利。所以，一定要努力克服掉。

一是偷懒。偶尔偷懒是人之常情，紧张的工作总要适度放松，通常如果不是很离谱，主管多是睁只眼闭只眼也就罢了。但是偷懒上了瘾可就不是件好事了，可能主管早已对你有了戒心，那么你就很难翻身了，没有处置你已算幸运，升职加薪就免提了。

二是情绪化。人难免有情绪，但是老是把情绪和工作搅和在一起，老是用“最近情绪低潮……”、“失恋了……”、“和家人冷战……”当做借口，主管是会反感的。要是情绪管理的本领太差了，可以看看“心灵小品”类的书籍或许有点帮助。

三是迟到。习惯性迟到，却丝毫不以为然，不管上班或开会，老是让同事苦等你一人。也许你认为小小迟到一下，没什么好大惊小怪。但经常性的迟到，不仅是上司，可能连同事都得罪了而不自知。

四是不负责。把“都是你的错”挂在嘴上，千错万错就是没有你的错。其实每个人都会犯错，主管应该也能容忍体谅下属犯错，重要的是能否从错误中归纳出对的方法，下次不再重蹈覆辙。无论犯了什么样的错，通常只要勇于承认，愿意负责，都能博得大家的谅解甚至尊敬。

五是过分积极。你可能会很不解：积极难道也是一种错？这倒也未必。积极基本上是值得鼓励的，除非太过火以至于激起公愤。譬如：看到同事聚在一块，非得凑过去生怕漏掉什么重要消息、明明没你的事却老想插手、喜欢发表长篇大论……诸如此类，对分内的事积极绝对值得赞赏，但若积极到过界，那可能会招致人际关系恶化。

第三章

晋职加薪有秘密

职场员工“想晋升”、“想加薪”的心理无可厚非，相反还有利于激励人们积极上进，努力争先，从而推动工作和事业不断取得进步。但晋职加薪有学问。

1 做好职业规划才能有条不紊地晋升

在这个竞争的社会，谁先确立目标，谁就先赢得起飞的时间。职业规划就是我们的职业目标，所以一定要预先规划，才能抢占先机，比别人赢得更多的起飞时间。因为只有知道自己要什么，才能直接去拿，不至于四顾茫然；知道自己去哪里，才能不走弯路，直达目标。所以，进入职场第一步，一定要做好自己的职业规划。只有目标明确才能有的放矢，不放空枪；只有成竹在胸才能从容迈步，不作它顾。要不然，我们就会像一只"没头苍蝇"般，在职场里东一碰西一撞，毫无头绪，没有出路。

钱丽丽毕业于某所师范大学历史系，毕业后，她并没有当教师，而是进入一家法国企业当翻译。原来，她从大一开始就迷上了法语，靠着勤奋的自学，她拿到了 TCF535 分的好成绩，并顺利与一家正规外企签约。很多人都羡慕钱丽丽的好运气。能够将自己的爱好变为工作，钱丽丽本人也非常开心。但是仅仅半年以后，她就辞职了，又找了一份教师工作。

原来，她所在的公司负责船舶设计，钱丽丽从上班开始就陷入了无止境的文件翻译之中，她每天重复地翻译设计文件，她觉得这门语言越来越枯燥，让她无法忍受。最后她只好回到家乡找了一份教师工作，又回到了她的专业上。

但教师工作也并不是她喜欢的，特别是老家的生活环境让她很是落寞，总觉得自己太委屈了。教了一年多以后，正好有一个播音主持的机会，钱丽丽很高兴地跳了过去。别人认为她是名牌大学毕业的，而且外形各方面条件都不错，就接收了她。但她对这个专业完全是外行，根本适应不了，磕磕巴巴地干了不到一年，就被淘汰了。

这让钱丽丽很受打击。还好大学同学伸出了援助的手，帮她在自己工作的公司内找了一份文秘工作。进了这家法国人开的外企公司，钱丽丽才知道，毕业不过三四年，昔日的同学现在一个个都已经事业有成，她的这位同学甚至已经成了这家公司的中国部经理！

有一次在一起聊天时，钱丽丽为自己这几年白白浪费了时光而难过时，她的这位同学说："那是因为你没有做好自己的规划。这其实很重要的，只有明白自己想要什么，才能一个劲地朝那个方向努力，就不会走弯路，才能不浪费时间。"

钱丽丽如梦方醒，后悔不已。这几年自己就像个没头苍蝇般东飞西撞，却不知道自己已经错过了三四年最好的时间了。要是早一些规划，也许自己今天也有了一番成就了，这就是吃了没有提早做好职业规划的亏啊。

可见职业规划确实非常重要而且必要。没有规划，就没有一个明确的目标，就不知道自己想干吗要干吗，就不明白自己的下一步该怎么走，不明白今天该往哪个方向努力。如果真想有一番作为，就必须要为自己早早定下职业规划，早作打算，早早起步，为自己的目标和梦想努力。

职业规划，是职业生涯规划的简称，是一个人对自身职业发展进行持续计划的过程。职业规划的含义宽泛，我们最常说的职业规划是指对未来职业的目标管理，包括个人应选择什么样的职业，如何得到相关工作，工作短期目标、长期目标以及实现目标的步骤和方法。制定职业规划，求职时有了既定目标，就可以节省时间，直奔主题。说得更明白一点，就是职业规划就是帮助你认识你自己，知道你是谁，能干什么，想干什么，怎么干才能成功的指导书！

职业规划最早从大一就开始了，可不是说一定要入职了才开始自己的规划。所以现在很多高校都特别注重对大学生职业生涯规划这一块的培训和指导，以使他们少走弯路，一毕业就能找到自己心仪的工作，而且在三五年内就能有所成就。职业规划主要有以下几方面的作用：

1. 确认人生的方向,提供奋斗的策略

2. 突破并塑造清新充实的自我

3. 准确评价个人特点和强项

4. 评估个人目标和现状的差距

5. 准确定位职业方向

6. 重新认识自身的价值并使其增值

7. 发现新的职业机遇

8. 增强职业竞争力

制定了明确的职业规划,下一步就是竭尽所能为职业目标努力。所以一个完整而恰当的职业规划对于我们的职业之路是否走得平稳顺利是相当重要的。职业规划往往决定了一个人一生的事业轨迹和人生轨迹,万万不可大意。

一份可行的职业规划,一定不能少了以下方面:

(1)职业方向——我到底想干什么。这是职业规划的重中之重,直接决定了一个人今后的职业轨迹。职业方向的最简单表述是:今后做什么工作。结合个人意愿,分析个人能力,对比各行业优劣,选择最适合自己的工作并不容易。每个人对事业的看法都不一样,幸福标准和价值观也有巨大差异,所以职业方向没有固定标准,只有最简单的衡量方法,这个方法就是,当你要选择一个职业方向时,除了考虑自己是否胜任,是否有发展之外,多问一个问题:十年以后,我会做到什么程度,我会不会仍然喜欢这份工作,我会很开心地生活吗?

(2)能力分析——我到底能干什么。想做什么并不是最重要的,最重要的是能做什么。一个追逐梦想的人先要学会脚踏实地,审视自己的能力。结合自己的专业、兴趣、擅长的技能,可以推断自己适合哪个行业。有时候理想很丰满,但现实太骨感,你想干的行业你不一定能进得去,你的能力也未必能适应,那不妨退而求其次,先做其他的工作,在工作中学习、提高,锻炼自己的能力。当自己可以胜任自己想要的工作时,再去做也未尝不可。

(3) 工资、福利和升职机会——我能得到什么。工作有很大一部分的原因是为了生存，所以对工资也是要考虑的。不只要考虑从事一份工作所能得到的薪酬和相关的福利，同样要注意这一工作的升值潜力，有些工作的薪酬稳定，新手工资和老手工资相差幅度不大，如公务员、教师等等，做这样的工作，最初会为其稳定性以及高于同学、朋友而骄傲，过了几年，却发现自己的薪水一直没变，而那些最初拿微薄薪水的同学都已经年年升高，拿到了比自己更高的薪水，这时难免会心理不平衡，悔不当初。所以，对待遇不但要考虑最初几年，更要考虑随后的几十年。

(4) 行业状态——我能干多久。职业是一辈子的事，所以，一个行业若是朝阳产业，有巨大的发展空间和强大的市场保证，无疑是求职者的首选；一些处于萌芽状态，却有广阔前景的行业，也是不错的职业投资；即使是偏冷门的行业，也因其独特的不可替代性，有了稳定的价值。需要注意的是，那些即将遭到淘汰的行业，入行要谨慎；还有那些过于热门的行业，职位数目早已供不应求，凑热闹之前也要掂掂自己的分量。行业状态决定了你的行业前景。任何行业，即使是夕阳产业或冷门行业都有领头羊和弄潮儿，全看你的能力。

(5)幸福指数——我会感到快乐吗。幸福指数，是几十年前一位不丹国王提出的概念。包括一个人对生存状况的满意程度(就业、收入、福利等)，生活状况满意程度(住房、医疗、教育等)，情感状况满意程度(家庭、婚姻、交友等)，社会状况满意程度(社会地位、交际、事业成就和社会认同感等)。一个人幸福指数的高低，取决于很多因素，职业是其中的重要部分。职业的成功，会保障生存状况和生活状况的稳定，也有利于情感的维系和社会地位的建立，所以，职业与幸福指数密切相关。职业规划不是冷冰冰的一纸文书，应该对决定幸福指数的各个要素给予充分的考虑，使自己的人生更加完美。

从事自己喜欢的工作，当然会让自己的幸福指数更高一些，因为“身心统一”才更开心自在。

实践的力量

有这样一个真实的故事，有一名广东的先生，他是一个家具公司的人力资源经理。1993 年毕业后，他很顺利地分配到了一家期货中心，工资待遇也非常好。但是没想到一年后这个期货中心重组合并，他所在的部门整体裁了下来，他就不得不重新去找工作。他完全没有思想准备，很痛苦，于是打短工啊、做家教啊，做很多的事情，而他又在那时得了银屑病，又有点像牛皮癣，身上起一片一片的白斑。虽然此后去看过病，但是一直查不出来病因。

后来他终于找到了一份他喜欢的工作，就是他现在所在的这家家具公司，一开始是从销售做起。因为他这个人特别喜欢家居这些东西，因此他做销售做得很好，把他那个部门带动起来了，还把他的家居销售经验编成小册子为新进员工进行义务培训。公司人力资源部发现这个情况后，将他调到了总部专职搞培训。一开始的时候，因为新招了很多营销员，要连续培训，培训了一个多星期，白天、晚上连续进行，实际上身体应该是很累的，可他的银屑病却明显好转——这难以让人相信，因为这很神奇。心理学上有个名词叫“身心疾病”，他的情况大概就是如此。

所以，在做职业生涯规划时，一定不要忘记这一点。

职业规划并非在入职前需要，上班之后更需要一个明确的职业规划。每一个阶段也要有自己不同的职业规划。还要随着工作能力的提升和工作环境的改变不断地调整和完善自己的职业规划。

职业规划其实贯穿我们的一生，甚至退休后应当依然有自己的规划。只有有了规划才能有条不紊，有具体的目标和前进的方向，才能指引我们一步一步向前途和理想迈进，而不是像个没头苍蝇一样乱碰乱撞，最后一事无成。

2 有能力才会有前途，有业绩才会有地位

一个人在一个团体中的位置，一定是与他的能力和作为相挂钩和匹配的。有什么样的能力就有什么样的前途，有什么样的作为就有什么样的地位。在这样一个竞争激烈且注重能力的时代，你必须是金子才会受到重用，你必须有作为才能有职位，想要坐上满意的职位，拿到希望中的薪水，就必须有所作为。你要想拥有与老板谈判的资格，就得有强大的资本，这个资本不可能是别的，只会是能力。

在李嘉诚的眼里，有一位“红人”，那就是和记黄埔的总经理霍建宁。因为霍建宁不仅能力超强，而且业绩突出。

1979年，霍建宁加入长江实业。由于他在金融财务方面具有卓越的才干，工作作风踏实，深得李嘉诚的信赖，于是一路晋升，1993年登上和记黄埔总经理之位。和记黄埔是一家业务遍布全球的大型跨国企业，但在20世纪80年代后期，由于受海外业务亏损的拖累，和记黄埔的股价长期走低。这时候霍建宁临危受命，负责接手和记黄埔的业务。霍建宁接手后，通过不断重组，很快将业务扭亏为盈。其后，他又借助赫斯基石油的良好表现，在加拿大借壳上市，为集团盈利65亿港元。此外，他又接手处理亏损多年的欧洲电讯业务，运用高超的资本运作技巧，再次扭亏为盈，为集团盈利超过1600亿港元，创造了全球商业界的一个神话。

多年来，霍建宁为李嘉诚的事业东征西讨，不断创造辉煌。李嘉诚的“长和系”不断发展壮大，霍建宁功不可没。由于霍建宁的业绩，李嘉诚在2007年的时候给了霍建宁1亿港元的年薪，按照香港一年约240个工作日计算，霍建宁平均每个工作日挣62万港元。用“日进斗金”来形容霍建

宁，毫不过分。从整个香港来说，霍建宁仅次于惠理集团主席谢清海，居2007年度香港上市公司“十大打工皇帝”的次席。在此之前，霍建宁曾连续六年蝉联香港“打工皇帝”的冠军，连李嘉诚的长子号称“小超人”的李泽钜也难以望其项背。此外，霍建宁一度成为《福布斯》评选的非美国企业全球最高薪行政总裁第一人。

霍建宁为什么会成为李嘉诚的“红人”？李嘉诚为什么每年都给霍建宁天文数字般的年薪？答案就是：霍建宁为李嘉诚的企业创造了巨大的经济效益。对李嘉诚、对“长和系”来说，他具有不可替代的价值。因此，升职、加薪的事他一件都没有落下。

在职场中，就是业绩为王。每个领域都会有考核人的标准，学术领域看你有没有出学术成果，职场就看你有没有业绩。只有取得了很大的业绩，你才能成为老板眼中的“红人”。

每一个优秀的员工或是成功者，其实都是经历了从“沙子”到“珍珠”的辛苦打磨，经历了从“种子”到“金子”的长期飞跃，最后才光芒四射的！

有一个自称“全才”的年轻人，毕业以后屡次碰壁，一直找不到理想的工作。多次的失败让他伤心绝望，他觉得没有“伯乐”来赏识他这匹“千里马”。痛苦绝望之下，他来到大海边，打算就此结束自己的生命。在他正要自杀的时候，有一位路过此地的老人看见了，救了他。老人问他为什么要走绝路，年轻人说自己得不到别人和社会的承认，没有人欣赏并且重用他。

老人从脚下的沙滩上捡起一粒沙子，让年轻人看了看，然后就随便地扔在了地上，对年轻人说：“请你把我刚才扔在地上的那粒沙子捡起来。”“这根本不可能！”年轻人说。老人没有说话，从自己的口袋里掏出一颗晶莹剔透的珍珠，也是随便地扔在了地上，然后对年轻人说：“你能不能把这颗珍珠捡起来呢？”“当然可以！”“那你明白了吗？你应该知道，现在你还不是一颗珍珠，所以你不能苛求别人立即承认你。如果要别人承认，那你就要想办法使自己成为一颗珍珠才行。”年轻人蹙眉低首，一时无语。

当你觉得自己“怀才不遇”时先应当想一想自己怀了什么“才”，该当被谁“遇”。如果你有真正的“才”，方能让人“遇”；你想卓尔不群，必须具备鹤立鸡群的资本。你根本就没有才，别人又如何能“遇”你？所以，先让自己有才、有能让自己干出业绩，让自己成为金子、成为珍珠，才是让自己腾飞的前提和资本。

除非是个别专才没有用对地方，才造成真正意义上的“怀才不遇”，而我们大多数人感慨“怀才不遇”，仅仅是自我陶醉而已。要适应企业，而不是让企业适应你；要适应工作，而不是让工作适应你；要适应同事，而不是让同事适应你。因此，与其牢骚满腹，整天叫喊怀才不遇，抱怨个没完没了，不如改变自己，适应环境。

如果你怀才不遇，那事实上是你现在可能还只是普通的“沙子”，而不是价值连城的“珍珠”。你只有想尽方法尽快让自己成为珍珠，才能不再忍受被混进沙子里的委屈。当你发挥你的能力，做出了卓越的成绩，你就像沙子经过了打磨终于变成了珍珠一样，闪耀的光芒会让所有的人都看得见，还担心老板不重用你，不提升你吗？

一位房地产销售总监说：“所有企业的管理者和老板，只认一样东西，就是业绩。员工希望老板给自己高薪，凭什么呢？最根本的是要看员工所做的事情，能在市场上产生多大的业绩。”当今是以业绩论英雄的时代，以业绩作为标准来检验一切的时代。

在职场中，你总是对自己不能升职而耿耿于怀，其实没有必要这样，与其抱怨老板不给你升职的机会，还不如好好地努力为公司创造一份别人难以企及的业绩，那么升职也就会指日可待了。不管你是刚进入职场的新人，还是经验丰富的职场老手，要想让老板刮目相看，想要成为高管，那你就得做出能与高管匹配的业绩来。

业绩是衡量你能力的标杆，也是晋级升职的标准，更是个人收入高低的重要依据，甚至，因为业绩突出，老板的笑脸只对你一个人绽放。原因何在？业绩决定一切！

业绩是企业的生命所在，几乎每一个企业都把业绩作为自己企业文化的重要组成部分，甚至把业绩当做员工的重要素质标准之一。

三年前，小刘进入现在所属的公司，这几年里她从未迟到早退过，更别提请假旷工，即使是身体不舒服或者家里有事，她也会想方设法地按时出现在自己的办公桌前。工作上，上级交给的任务她总是第一时间完成，力求完美；在人际关系上，不论是与上级还是和同事，她都恭敬有加，客气而温和。可以说，这三年中她的敬业精神和为人都无可挑剔。一天午餐时间与同事闲聊，她意外知道才来四个月的女孩年终奖竟然比自己多了一倍，而且还有可能要晋级，此时小刘的心情五味杂陈，这几年来自己的敬业和付出在领导眼里竟然抵不过别人四个月的工作，委屈、恼怒、辛酸、痛恨一齐涌上心头。几天后，公司会议室的业绩展示栏张贴了最近一个季度的业绩情况，看到新来女孩的业绩，小刘的嘴巴都无法合拢，那个女孩的业绩超过了公司任何人，而且是以往没有过的，可谓是创了公司业绩史上的纪录。于是，小刘明白了，在以利益为导向的企业中，没有什么比工作业绩更重要。

既然业绩这么重要，那怎样才能取得理想的业绩，让自己的职业生涯前途一片光明？

出色的业绩绝不是口头上说说就能得到的。要吃樱桃就要先栽树，要想收获第一步就是付出。出色的业绩需要人们在工作的每一个阶段，能找出更有效率、更经济的方法。在工作的每一个层面，找到提升自己工作业绩的重点。

古语说"英雄不问出身，用才只问成就"，所有企业都是依据一个人在工作中所取得的业绩来权衡他的工作能力的。在当今社会，高学历、高职称等不再是衡量人才的唯一标准，而真正有才之人也不是这二者的简单相加。如果一个人不能为企业带来经济效益，创造出色的业绩，就算他拥有博士学历，也只不过是头衔而已。所以，要晋升，先得拿出你的业绩来。

企业中，很多职位看重的是结果，业绩决定一切，只有把能力及时转化为业绩才会更好地在企业立足，取得高职位。

不论你在哪个企业或者何种职位，老板关注的始终是你的业绩。用业绩说话，用突出的业绩赢得老板的赞许，使你在职业生涯中更上一层楼。

3 有苦劳不值一提，有功劳才有酬劳

有的员工在工作中没有苦劳，只有功劳，而老板所看重的也是功劳带来的效益。职场中，经验与资历固然重要，但这并不是衡量能力的标准，更不是能让你获得老板首肯、为你晋职加薪的标准。

有些人所自诩的十年业界经验，不过是一年经验的十次重复罢了。年复一年地重复一种工作，固然很熟练，但可怕的是这种重复已阻碍了自己的成长，扼杀了想象力与创造力。正所谓劳苦未必功高，只有功劳才能解决工作中遇到的实际问题。

企业里，很多员工总是对领导唯命是从，从来不主动解决问题，大多数与"没有功劳，也有苦劳"的旧观念分不开。他们看起来总在埋头苦干，在"穷忙"，但忙了半天却连自己都不知道在忙什么，也忙不出任何结果，只能用一句"我做了分内的事"来为自己找回面子。

现代企业越来越讲究效率和效益，企业要想生存发展，关键要树立"结果意识"的理念，以实现结果为最终也是唯一的目标。对于这种环境下的员工来说，只有能够解决实际问题的功劳才更有含金量，老板也是普遍重视有杰出绩效的员工，"没有功劳，也有苦劳"的评价标准早已经成为过去式。

老张经过十几年的努力，终于从一名普通的财务人员坐上了财务总监的位子，享受着优厚的待遇。老张是老员工，论资历在公司很少有人能与他相比，这也养成了他居功自傲的毛病。后来，公司陆续进了一批新人，财务部也进了一个名牌财经大学的毕业生。为了让新员工尽快适应工作职位，公司上级要求老员工要尽量帮助新人。身为财务部的负责人，老张也口口声声说要多帮助这些新来的员工。

很快，老张就感受到了一种压力，因为新员工工作能力很强，除了懂财务、行销、外语和电脑知识，还曾经获得全国珠算比赛的大奖，这让老张产生了莫名的恐慌。别说帮助别人，自己有时还得向这位新员工请教一些问题。经过一番考虑，老张下定决心对他实施“全面遏制”政策：处处为他设置障碍，尽量不让他接触核心业务，甚至连电脑也不让他碰。

可是这并没有难倒这位新员工，经他手的账目照样做得漂漂亮亮。几年来，新员工忍辱负重，工作上一丝不苟，精益求精，想抹杀都抹杀不了。相反，老张自己做的一些账目却频频出错。深思熟虑后，公司领导决定由新员工担任公司财务总监，老张负责内务。

十几年的老员工难道抵不过几年的新员工？也不是，老板看中的是个人的功劳以及由功劳带来的业绩。如果你是老板，难道你不喜欢能为你带来效益的员工，非要眷顾低头做事没有结果的人吗？这个职场故事在企业中屡见不鲜，对于现代企业来说，看中功劳是企业生存目的所在。

联想集团的核心理念之一，就是“不重视过程重结果，不重苦劳重功劳”。这个理念，是在公司成立半年后开始提出的。当时，联想刚刚创业，大家都有为工作拼命的干劲和热情，但光有干劲和热情，并不能保证财富的增加和事业的成功。公司资金并不多，如果没用好，出了问题，就有可能夭折、破产。所以，公司不再强调服从、勤奋、忙碌，而是强调货真价实的绩效，强调解决真正的问题。正是在这种理念的感召下，仅仅十二年，这家由几个知识分子组成的公司成长为知名的大企业。

美国汽车业巨擘福特，也是一个效率的倡导者。他被誉为“把美国带到流水线上的人”，是一个酷爱效率的天才，他对绩效、结果的高标准要求，早已在业内传为美谈。他总是对手下们说：“工作一定要有更高的结果，工作一定要有更高的效率。”

功劳就是为企业创造了效益。效益高功劳才大。要有高效益，必须先要提高效率，就必须找出那些阻碍效率提高的问题，并把它们彻底地消灭。

当今企业中，有很多无用的“忙人”，他们每天“忙忙碌碌”地上班，“踏踏实实”地工作，不惹麻烦，不出乱子。然而，在不知不觉中，工作早已在他们那里成了一团僵局，问题也不知到底积压了多少。在他们“忙碌”的表象之下，问题被掩盖了，成了时刻都会爆发的火山。这样的“勤恳”，只不过是种假象，没有实质的内容。事实上，工作时间长并不一定与业绩成正比。老板最看重的是工作的品质，他只看重员工能给他带来多少利润或节省多少花费，至于你要花多少时间做到这是你自己的事。很多人似乎永远不明白这一点，尽管他的工作时间被事情塞得很满，可是里面有一大堆不重要的事情，根本无法令老板满意。换句话说，他的精力消磨在很多琐事上，对正事却失去了敏锐的感觉。

要想有良好的工作心态，首先要有讲求绩效的工作观：不要苦干，要实干；不要徒劳地忙碌，要使问题得到解决。俗话说：革命不分先后，功劳却分大小。企业需要的是能够解决问题、勤奋工作的员工，而不是那些曾经作出过一定贡献，却跟不上企业发展步伐的员工。

身在职场的人或即将进入职场的毕业生们，都必须懂得“没有苦劳，只有功劳”是现代组织的生存法则。试想一下，如果你在工作的每一阶段总能找出更有效率、更经济的办事方法，你就能不断提升自己，才有可能被委以重任，成为组织不可或缺的人。

在一家企业，有一名保洁女工，不懂任何技术，平日里只是一个为大

家做好卫生，默默无闻甚至不起眼的人。有一天，她居然跟大家说，她把工厂里的一台出了故障的进口设备给修理好了。大家将信将疑，追问之下，她才满怀自豪地说，是她把自己懂得修理这类进口设备的表弟找来帮忙修好的。她流露出来的成就感，仿佛比自己亲自动手解决了问题的感觉还要好。

有人对她说："你的精神可嘉，但那也不能算是你自己修好的呀。"

她反问："问题是由我来解决的，如果不是我要表弟过来帮忙，他自己怎么会跑来修理？机器会自己好起来吗？这不就等于是我做的吗？"

正当大家在暗中嘲笑她如此不可理喻时，老板到了。他听了大家的讨论后，对那名保洁女工大加赞许："她说得有道理。并不是非要亲自动手才算是自己的功劳，只要结果是因她而得来的，就应该算是她的成绩！所以，我认为她说得很对，值得嘉奖！而且我号召所有的员工都向她学习，因为这是一种做事的方法和态度！成功企业都提倡'功劳重于苦劳，结果重于过程'，所以，我们一定要学会如何更节省成本地获得好结果。"

这名保洁女工做了那么久的工作，却没人注意她；她只是费了口舌要表弟修好了设备却得到了老板的肯定。当今社会，绝大多数企业都是以绩论功劳，以功劳论酬劳，不关注过程，只在乎结果，谁能为企业带来效益，谁就是英雄。

海尔集团管理法总结起来可以用五句话概括：总账不漏项、事事有人管、人人都有事、管事凭效率、管人凭考核。"管事凭效率"就展现了肯定功劳，不认苦劳，更不认疲劳。海尔要求全体员工每天必须进步一点点。在行业竞争策略上要求一定要比对方快一步，如不能快一步，快半步也行，员工每天必须有进步。只有承认功劳才会有进步，承认苦劳的后果只能是退步。

所以，不要拿"没有功劳也有苦劳"、"他是我们单位里的一头老黄牛，尽管业绩不突出，但一直勤勤恳恳"之类的话来要求企业为你晋职加薪，这不是你晋职加薪的资本。苦劳很容易让我们感动，但只会苦劳却一直没有功劳，我们是不是也该想想这是为什么了？是我们努力得还不够，还是我们的能力不足、方法不对或者是别的什么？我们要先想一想为什么会这样之后，再努力地改进，让自己在苦劳之余也能立下一些功劳。如此再来要求晋职或是加薪，才能理直气壮，不脸红。

4 “吃得开”才能“爬得快”

在职场，“吃不吃得开”是非常重要的。因为只有那些“吃得开”的员工才“爬得快”，才能如鱼得水、如云在天，轻松自如地赢得职场的成功，成为职场的红人。

这种“吃得开”的能力其实就是我们的适应能力。能不能适应你周围的环境，并快速地融入进去，正是你的一种最大的能力，也是最基本的能力。

“适者生存”是大自然和人类社会的基本法则，任何生物都不能逃脱。职场也是一样，适应者会一帆风顺，不适应者则处处碰壁。生存是需要环境的，但作为个体不可能彻底改变环境，个体的生存只需要适应环境。只有那些最能适应环境、适应社会的人才最容易成功，也才有更多的机会。

一家世界500强之一的美国公司在选择北京办事处负责人时，通对一个很小的细节考察了应聘者的环境适应能力。当时，共有七名应聘者，其中只有一位是女士。

考官故意把应聘者的位置安排在空调下，而且将其功率开得很大。结果，六位男士都无法忍受长达两小时的面试，只有这位女士坚持到了最后。

当面试结束时，这位主考官对这位女士说：“由于公司刚在北京成

立办事处,属于万事开头难的阶段,所以只有能够适应环境,敢于接受挑战并且能够以愉快的心情去面对压力的人才会被我们录用,欢迎你加入到我们公司中来。”

只有富有适应能力的员工才能适应各种不同环境下的工作,才能不怕高压、不怕高负荷的工作,才能在任何困难和挫折面前都保持信心和热情。所以,适应能力强的人就会比别人有更多的机会,比别人要“吃得开”,因而也就比别人“爬得快”。因为他们有高于一般员工的特质:

适应力强的员工在紧急工作情景下,能迅速分析问题,想出多种解决问题的方案,面对紧急的工作任务,能想方设法,不打折扣地达到工作目标;富有适应力的员工善于控制自己的情绪,客观面对问题,化解消极情绪,有序开展工作;能及时调整自己的行为,采取灵活多变的应对措施。

适应力强的员工的问题解决行为常常带有创新色彩。面对复杂、棘手的工作环境,能想出解决问题的新思路、新方法,采取新举措,打开新局面。在日常工作中,经常向主管和公司相关部门提出简化工作流程的好办法。在执行工作任务过程中发现所需资源不足时,能想方设法获取新的资源。他能从习以为常的工作流程中发现更能节省时间、改进工作质量的好办法。

适应力强的员工具有很强的知识寻求热情和学习原动力,不固守已有的知识和经验,勇于打破自己的心智模式,对新观念、新技术、新方法极为敏感和渴求。在日常工作中,他寻求每一个可能的学习机会,吸取工作相关的知识、技能,并能恰如其分地应用到实际工作中去,不断提高工作效率。

适应力强的员工具有很强的快速学习能力。当他被委派到新部门、新岗位,面对新任务、新环境,他能迅速吸纳多方信息,从容驾驭局面。就具体工作而言,他能快速掌握新的知识和技能,提前进入角色。

适应力强的员工有很强的前瞻性学习能力，他能感悟环境压力对组织持续变革的要求，能预料组织变更对工作所带来的挑战。因此，他会基于变革及时储备相关的知识和技能，在变革中游刃有余。

适应力强的员工具有很强的文化适应能力，新到一个部门，他能快速了解该部门的工作氛围、工作目标和协作方式，主动调整自己的工作行为，积极顺应。新到一个公司，他会细心体察公司文化、战略目标和价值理念，挑战自己的思维方式和行为模式，融入组织当中；新到异域他乡，他能尊重当地习俗，和持不同价值观的人和谐共处，协作共事。

适应力强的员工能快速了悟新工作的套路，立即上手开展工作。这是迅速适应工作的关键。在职场，工作永远是第一位的，适应人，适应事，还需要适应工作。所以，迅速摸清工作套路，立即投入工作是“吃得开”“爬得快”的至上法宝。

他们会快速了解公司的组织方针，在短时间内对公司内部的组织情况了如指掌。例如，设有哪些部、哪些处或哪些科等，知道每个单位所负责的工作及主管，除此之外，对公司的经营方针以及公司的工作方法都有自己的全面认识后，这样工作起来自然会得心应手，游刃有余。

他们也会尽快学习业务知识，在最短的时间内就能熟门熟路地完成上司交代的任务。这些知识与学校所学的有所不同，学校中所学的是书本上的死知识，而工作所需要的是实践经验。这就需要不断地学习，在实践中丰富自己的业务知识。

适应能力强的人会很快在预定时间内完成工作。一项工作从开始到完成，必定有预定的时间，而能在预定的时间内将它完成，当然是能力的象征，能得到上司更多的青睐和赞许。

要提高自己的适应能力，要注意以下几条：①上司所指示的事务中，有些事件不需要立刻完成，这时应该从重要的事情着手，但是，要先将应做的一一笔录下来，以免遗忘。②若无法暂停正在进行的工作，以完成上司临时交办的事时，应该立即提出，以免误事。③外出收款、取文件或购物时，要问清金额、物品数量等重要细节，然后再去。④未充分了解上司所交代的事情前，一定要问清楚后再进行，绝不可自作主张。⑤外出办事时，应负起责任，迅速完成，不可借机四处办私事。

只有迅速、高效地完成自己的工作任务，得到上司的首肯和同事的敬服，才能在职场“吃得开”。要“吃得开”才能“爬得快”，那么想要“爬得快”，就必须要“吃得开”，所以，一定不要忘了自我的修炼和提高，把方方面面都做到完美，自然就能“吃得开”了。

5 “八面玲珑”才能处处受宠

其实职场就是一个小社会。说得片面一点，工作在很大程度上就是与人打交道的事情。所以很多时候你能升职加薪除了是对你的能力的肯定，更要看你的人际关系处理得好坏。

人际关系好坏与职场的晋升和加薪有很大的关系。很多人能力出众却一直“怀才不遇”，其中一个重要的原因就是人际关系处理不到位。很多人在这个问题上吃了大亏却不自觉，反而认为自己有个性，对自己的遭遇愤愤不平。

一位员工在事业上停滞不前。过去两年中，他失去了六次被提升的机会。

“我不懂这是为什么？”他说，“我总是早来晚走——即使有时必须在晚上和周末加班以保证如期完成所有的工作。你绝不会看到我在走廊里与同事们聚在一堆闲聊，或者在公司全体会议上哗众取宠。我做好本职工作，领取应得的报酬。我比与我同时进公司的大多数人聪明，工作更有效率，但是为什么他们都当了部门的上司，甚至公司的总裁，而我却被打入冷宫，几年来职位原封不动，一直做着同样的工作？”

这就是因为他和同事闲聊少了、交流少了、人缘关系淡了的原因。一个人要想得到提升，到更高的位置上去工作，去领导更多的人工作，必须要得到一定人员的支持和拥护才行。如果你总是独来独往，只干自己的，不理别人的，那上司即使欣赏你的能力，那也难以让你晋升职位，因为他会担心你会被人赶下台来。

良好的人际关系能开拓你的视野，能让你随时了解周围所发生的事情，能提高你倾听和交流的能力。总之，它对你事业的发展有重要的作用。

成功学大师卡耐基在研究了许多人的成功案例之后，得出了一个结论：一个人的成功，85％以上要归功于好人脉，而他个人的专业知识与技能仅仅占了不到15％。这正是那些“八面玲珑”的员工总是处处受宠的原因。

有两个同事办同一个项目。第一位连跑了几个地方，不知为什么，总是受人冷落，解决不了问题。有人说要送礼，他不懂送礼也不愿送礼，只有愤然骂上两句，自己苦恼不堪。最后只好回来，哭诉项目之难，大有绝对办不成之意。

上司换了另一位同事去，这位同事是出名的“会来事儿”的人。他一去立即调动他所有的关系，使出他所有的手腕，先是给对方一个主要的领导送了一份厚礼，接着又利用关系将卡住这个项目的关键人物约出来一起喝酒，就在酒桌上，一切全部搞定。不到一周，回来复命，项目已经在目标地区安下了身！

上司非常高兴，不仅给了他巨额的奖金，还特别指派他就任这个项目的经理，一切由他处理。

那个不会来事儿的同事气得摔桌子，却毫无办法——谁让他就不会来事儿呢？

我们说的“八面玲珑”就是这种“会来事儿”的人。在现代语境里，“会来事儿”即是精于看前后左右关系尤其是看上司脸色行事，善于揣摩上司意图，时刻观察领导脸色，到处去“活动”，左迎右逢，八面玲珑。他们崇尚“关系学”，深谙关系之道，不管做任何事情，关系都能助他们一臂之力。“会来事儿”的人关系网众多，人人是朋友，处处有关系，办任何事都手到擒来，不费吹灰之力。他们实打实的能力并不太出众，但是他们的这种“灰色技能”那着实让人佩服。只要他们出马，就没有办不成的事儿。

在公司里，他们也是处处受欢迎、人缘关系极佳的主儿。他们没有一个敌人，即使是偶尔出了什么错，也自有人心甘情愿地替他们遮着挡着罩着，他们永远高枕无忧，永远不会吃亏，因为人人都会宠着他，处处都会帮着他。这样的人，也许会被一些正直的人看到了觉得不齿，但他们却永远是能办成事儿的那些人。所以，能办成事，当然是企业最欢迎、老板最赞赏、上司最相信的人了，升职、加薪、得好处，也就自然不在话下了。

其实，这种八面玲珑“会来事儿”是世事洞明之后的睿智，是人情练达之后的从容。八面玲珑的人对任何事情都能游刃有余，对任何人都能有不同的对待的方式和方法，任何困难到他们的手上都不再是困难，任何问题到他们那里也就到了尽头，所有的问题总是能迎刃而解。所以“八面玲珑”型的员工到哪里都会受到欢迎。

上司需要“八面玲珑”型的员工，是因为这种人首先善于处理人际关系，因而能够活跃和协调组织的气氛，对正式的工作统属系起到某种润滑的作用。许多组织行为学专家指出，非正式团体内部和谐的人际关系较之正式组织的工作关系更能激发组织内的工作热情，提高办事效率。

上司喜爱“八面玲珑”型的员工，还在于他们关键时刻能成大事，解决燃眉之急。

一个企业的工作能否做好，不单单取决于领导者的水平或下属是否努力,还要取决于各种环境因素。有时,环境中的一个小小制约,就会使单位的工作陷入停顿。而“八面玲珑”型的下属正是有这种熟人多、路子宽的长处,常可以办通过正常渠道办不到的事情,弥补了单位与外界进行交往的信息通道不足的问题。

上司还比较喜欢任用“八面玲珑”型的员工来专门处理单位的对外关系。由于“八面玲珑”型的人才都机敏过人,能够很好地领会上司的意图,与上司和谐相处;又处世灵活、老练,是足以担当大的。上司能够把“八面玲珑”型的员工安置在他最能发挥自身优势的地方,也算是“人尽其才,物尽其用”了。

其实,不只是处理对外关系,就是在企业内部,也是需要这种能够协调各方面关系、善于处理问题的人才。办公室主任这一职,往往就是机关内、外工作的联结点,又往往是单位的一个信息集散中心,能干好这个工作,非“八面玲珑”型的人才不可。

所以,做好本职工作应是“八面玲珑”型的员工能被上司容忍的一个基本前提,如果荒废了自己的正常工作事务,不服从上司的工作安排,员工即使是再擅长交际,也是不讨上司喜欢的。你应该巩固而不是恶化自己的局部人事环境。同时,还应注意在工作之外而不是上班期间与朋友交往,哪一个上司也不会喜欢那种不停地打电话、不停地接电话、不停地请假、不时地进进出出的下属,而且也不会讨同事喜欢。

当然,“八面玲珑”型的员工也应该注意,一定要把确实可靠的消息透露给上司,小道的谣传、道听途说都不应拿到桌面上来,否则,你以后的可信度就会大大降低,而且也可能会害了上司。

最重要的是,八面玲珑的员工有着最好的人脉和最大的关系网。他的朋友遍天下,因而他的能量也可以达到任何一个地方。这种能量恰恰是解决问题的关键。

那怎样才能做到“八面玲珑”人人欢迎呢?

①到一个新的工作环境,千万不能自卑退缩,被动地等别人来理你,而应该有一种愿意主动“凑热闹”的态度,别人在玩,你可以欣赏,别

人聊天，你可以倾听，然后找机会加入。

②观察大家的共同话题和兴趣，自己也要学习一些常识和技巧，和别人有了共同的活动乐趣，才有可能共享快乐。这所谓先讲共性，再求个性，而不能反其之。

③在和大家一般交往中寻找价值观较为接近的人成为好朋友，形成自己的社交圈子。也有一种情况，有的人由于性格问题，就是不喜欢自己周围的人，因看不惯别人而不愿意与别人交往。这样使得自己的交际圈子越来越小，性格也就变得越来越孤僻。每个人都愿意成为一个让别人喜欢的人。然而让别人喜欢和喜欢别人是互为因果的事，周围的人你都不喜欢，你一定为周围的人所讨厌，所以，改变一下态度，先学会喜欢别人，只要你善意地、真诚地去对待别人，就一定会发现别人身上的魅力所在。善意地欣赏别人，赞扬别人，定会有意想不到的收获。

④要尽快洞悉职场人际关系处理原则。在一个单位里工作，如果不了解单位中盘根错节的关系网络，不懂得如何去有效地处理，那必定会不知什么时候就跌一个跟头。所以要注意把握以下的原则：

一是不偏不倚。要知道，每个单位的人事关系都很复杂。有些同事爱拉帮结派，挑拨是非，不管你是否愿意，都有可能会被别人拉拢过去，成为一个他想发展的对象。当他毫无缘由地对你热心，并向你“谈心”之时，你就要学会不偏不倚了，你要尽量让你的冷淡使他摸不清你的心思和底细；你千万别轻易表示一些什么，那样很可能会卷入无聊的人际角斗之中。

二要不轻不重。比如你与单位的同事和领导在一起时，你是眼睛只盯着领导呢？还是在不得不首先与领导处好之余，再与同事们说一两句亲切的话？这里需要有一种正常的心态。根本问题是要一视同仁，“下眼皮不能肿”。也许根本想不到，说不定在你轻视的那个地位下的同事几年以后会有可能摇身一变，位高八尺呢！“十年河东，十年河西。”到那时，你肯定会为自己的厚此薄彼而后悔，更况，在同事面前，你若过于有轻有重，尊高贱婢，别人也一定会为你的拙劣表演而不耻。

三要不隐不露。有些人虽然能力不行，但因为有靠山，正准备升职，你显示了才华，他会觉得自己的地位受到威胁，而且一有机会，他可能会挫挫你的锋芒，这就是锋芒毕露的可怕后果。所以要韬光养晦，不隐不露。第一才不可不露。有才不露，纵有万千才能，也会被人当作平庸凡夫；第二才不可尽露，就是你再有能耐也不要全露，最好是“寻常看不见，偶尔露峥嵘”，如果全露出来了，终致惹人羡，招人妒，由妒而恨；第三才露应适时，有才能表现出来并没什么，只是要看火候，注意把握露的时机和分寸，这种表现才能的机会，不怕没有，只怕把握不牢、不准，只怕做的成绩不能使人特别注意而已。适时露一手，会让别人觉得，“呀，你还会这一手！”陡生几分惊奇与敬意。再露两手，别人就会认为你这家伙还真有两下子。

四要不前不后。也就是做事情要有前有后，该前的时候就要抢在前面，比如属于自己工作职责范围内的事情，则责无旁贷，必须尽心尽力去完成。自己工作之外的事情，不该涉及的尽量不去涉及，尤其不要以“内行人”、“明白人”或者其他居高临下的姿态去对同事、领导指手画脚。即使人家请你去帮忙，也应以谦逊的态度诚恳待人。该退后一步的就不要上前抢，比如在名誉、利益面前，尽量不要表现得过于热衷，以避免成为众人妒忌、排挤的对象。即使有所追求，也应该在表面上含而不露，应该通过为人与处世的技巧去赢得同事和领导的认同。

不前不后只是说在同事之中、在利益与荣誉面前，不过分张扬自己，不踩着别人的肩膀向上爬。不前不后只是一种过程，但从结果——自己的前途与事业而言，则必须是走在他人的前头，必须从同事之中脱颖而出。到那时，其情势不是“木秀于林，风必摧之”，而是“众星捧月”、“众望所归”。这正是，恰当地把握不前不后的分寸，为自己的事业赢得人缘与机缘。

五要淡化自我意识。不要总是以自我为中心，而要与大家打成一片，多听大家的意见，“随大流”，不别出一格，也不能自以为是。当然这并非说是要“人云亦云”，而是要学会选择合适的时机发表自己的见解，要多处在同事的角度考虑问题，理解和宽容他们的不足或者敌对的情绪，快速融入企业，融入团队。千万不能以自我为中心，挑三拣四、挑肥拣瘦、说东道西，这样只会让你远离这个群体，而不是融入这个群体。只有放低身价，与人平等相交，才能融入其中，得到友情。

劳伦是位来自洛杉矶、经验丰富的女商人。她有着时髦的行头，讲究品味。劳伦因为想放慢生活节奏，得到更多的归属感，所以搬到了西南部的一个小城镇。

尽管她喜欢这个城市和那里的居民，但是她感到她不受欢迎。最终，她的同事给她指出，她的穿着和交谈方式让当地人觉得高人一等。

从那以后，劳伦特意穿得很随意，与人谈论当地的事情，多参加社交活动，试着让自己更加容易接近。虽然一开始她很不舒服，不习惯穿卡其布，不习惯谈论经营牧场。但是她发现，她和邻居和同事更加容易交流了。

人人怕被拒绝，这是人的天性。如果你具有亲和力，不摆架子，也不高人一等，那其他人就会感觉你很“安全”，也就减小了对你的戒备之心，开始接受并欢迎你。

要增强自己的亲和力，就应该扩大自我意识，加强人际包容能力，加强对他人的理解能力。当你是从自己的世界观、人生观和价值观去评价他人时，就无法深入理解他人内心深处的感受。所以在洞察自我的基础上，在人际交往中，如果你能够不断地放下自己固有的价值观标准，能耐心倾听来自他人内心深处的声音，便会看到一个个与自己不同的全新的内心世界。在这样的过程中，你的自我意识就会扩张，对人的理解能力也在增强。一个能深入理解他人的人其人际亲和力自然就会增强了。

要增强自己的亲和力，就要防止烦躁情绪的干扰和破坏。当你处在高度的压力下时，就会出现焦虑的情绪。当你许多内在的情感需求得不到满足时，它们就会不断地从潜意识中浮现出来，便会使你变得烦躁不安。虽然懂得人家交往的原则，可是生理状况不允许你做得很好，所以你不由自主地发脾气，会因为一点鸡毛蒜皮的小事而生气。这样渐渐地在无形中便会给自己的人际关系增添许多麻烦。亲和力就会下降。所以要劳逸结合，工作和生活兼顾，紧张和松弛并存。你首先要有份好心情，这样才能有良好的人际亲和力。

有了良好的人际关系，有了善于和任何人打交道的经验和技巧，你成为“八面玲珑”型的员工也就指日可待了。

6 获取高薪有秘密

薪水是靠实力和努力得来的，但是如果没有上司的认可，一切的实力和努力都会与加薪失之交臂。所以，要获得高薪，除了努力，还要掌握一些小秘密。

要了解获得高薪的秘密，先要知道老板喜欢给什么样的人加薪，给什么样的员工高薪。

(1)给忠诚的人加薪

上司喜欢忠诚可靠的下属，许多上司主要的时间用来考察哪个下属是可靠的，哪个下属是不可靠的。他对于员工的勤奋程度、做事的成效，即使不说心里边都知道得一清二楚。任何工作不努力、错误不断的员工都逃不过他的眼睛，迟早都会被他发现，受到惩罚。

一个员工如果想获晋升和加薪，首先要得到上司的信任。任何领导绝对不会无缘无故去提拔一个他不信任的人，给不信任的人加薪。上司所希望的是这样的员工：无论自己在还是不在的时候，他都一样去努力,一样忠实可靠,甚至在无人监督的情况下,他做事还会格外卖力一些。

而那些迅速晋升和得到加薪的人,往往随时随地都会考虑上司的利益,他会力所能及地替领导分担工作,竭尽全力来协助实现经营计划。

所以,加薪秘诀有三条:①忠于自己的职责,诚实可靠;②随时随地考虑上司的利益;③刻苦耐劳,全力以赴。

(2)为实力型员工加薪

能力第一永远是职场的铁律,一个再感性、再怎么讲感情的老板,对一无是处的员工也不能容忍,哪怕是自己的亲戚甚至亲生儿子,如果没有能力扶不上墙,他也会失望了,不再扶他,也就不可能让他担任要职,给他高薪了。

所以,要想加薪或是升职,先要想想自己到底有几斤几两重,有多大的实力,能胜任什么样的工作。

(3)给成绩好的员工加薪

你做出了什么成绩,就会得到什么样的报酬。这在职场,也是一个基本的定律。不必怀疑,所有的老板都会因为你的成绩而为你加薪的。如果你做出了令人惊叹的成绩,那高薪也就不再高不可攀,而是手到擒来的事。

(4)给勤奋努力的员工加薪

企业的上司也不会平白无故地给你加薪。上司给哪些员工加薪,给哪些员工减薪,或对哪些员工"炒鱿鱼",都有他自己的理由和依据。虽然没有一个固定的程序能够确保你获得提升和加薪,但是你要想得到升职和加薪,必须得到上司的认可。

一个把上司的利益当成自己的利益来维护的员工无疑是会得到上司认可的。上司的利益是非常广泛的,它包括很多方面的内容。作为企业的员工要能够帮助上司解决企业所面临的各种问题,解决企业困难。如果这一方面你做不到,那么就会被上司视为可有可无的员工。

上司是公司里的领头人,他对本公司员工的表现和态度是非常敏感的。为了达到升职加薪的目的,你就要使自己的一切行为都符合上司的利益,这是尤为重要的。如果你在某一行为上损害了上司的利益,哪怕一次无意的损害,都会使上司感到厌恶,他绝对不会对你有好感,从而失去升职和加薪的机会。

要获得高薪还要注意以下方面:

(1) 不要太在意薪水的高低

如果你在上司面前,对薪酬的数目多少过于在意,这会使上司认为你是为了金钱而工作,而没有了对事业的追求,不会有多大出息。但是,如果你在上司面前表现出一副"对金钱无所谓"的态度,这也会使上司感到你是一个不服管理的人,从而失去了对你的信任。那么,究竟应该对薪金持什么样的态度呢?

第一,如果上司提出要给你加薪,这就说明你在公司是个有才干和地位的人,上司非常器重你。但你不要马上就和上司讨论加薪的幅度问题。

第二,加入任何小组、个人或机构发起的争取某种利益的签名活动都是愚蠢的,除非这活动是由上司亲自发起的,并且是对大家有益的。在遇到对公司的意见或对加薪幅度不满的书面建议时,尽量回避,低调处理。

第三,在日常生活中,不妨偶尔吃几天便当,让人感到你经济上的拮据。但不能强调自己的经济状况,有要求上司加薪的嫌疑。

(2)不要探听上司的"秘密"

有许多人为知道上司的"秘密",而四处打听,认为如果知道上司一些小秘密,则可以和上司拉上关系。你想不到的是,有些"秘密"可能成为你永远不能升职的原因。既然是"秘密",当然知道的人越少越好,别探问上司的隐私。上司面对工作感到心情压抑,家庭生活也会产生这样那样的矛盾。如果你毫不客气地探问其隐私,甚至为其出谋划策,那就大错特错了。即使上司在最危急的时候,也只需要适度的关心,解开郁闷的心情。要明白,真正关心上司,出发点就是爱护帮助而不是利用。一旦上司知道你了解了他的秘密,必定对你有所防范,甚至会将你调到离总部远的地方。如果你不小心撞到了上司的秘密,装傻充愣是唯一明哲保身的办法。

(3)不能将自己举得太高

适当地推销自己是非常必要的,但绝不能过头。因此千万不能在上司面前自恃能力超强,显得神通广大、无所不能、无所不会,这样不仅不能使上司惊叹和赞赏,还会使上司对你失去安全感,在心理上给上司压力,使他对你有所防备。

所有的上司都有自己的三防手段。一防你吃里爬外,自恃太高,太过醒目而容易被其他公司利诱,做出损害公司利益的事情。二防你在公司有太大的影响力,对其他员工会起到煽动作用,动摇他的领导地位。三防你油头滑脑,练精学懒,当公司的权力掌握到你手里后,不思进取,做不出成绩。

(4)要让上司知道你的忠诚

上司在工作和生活中,有一个属于自己的圈子,而这个圈子里的人,会被他认为都是自己人,也就是忠于他的人。如果你进入这个圈子,就要时刻保持对上司应有的效忠程度。凡事你都要让上司出风头,把他推到表演台上,使他成为媒体注意的焦点和风云人物。当上司称赞某一个员工在公司的作用时,会用"公司里没有此人不行"的语言,实际上在上司的眼里,这位员工仍是他的雇员。有些人并不明白这一道理。被上司一套,即刻飘飘然起来,连上司的尊严也不顾了,甚至得意忘形,得罪其他同事。

必须懂得用毕恭毕敬的态度对待上司,在上司面前,一定要保持谦和,这是上司给你加薪的前提。

(5)为加薪或是高薪做好准备

要求上司加薪时,不妨再试一试狮子大开口法,也就是说你可以把实际想要的价码抬高一定的比例,这样如果上司想继续留任你,必将考虑你的要求,从而实现自己的真正目的。例如你只希望得到30%的加薪,你可以提出500的加薪请求。这样,在讨价还价后,你就可能实现自己的加薪要求。作为上司来讲,启用新人的培训费用和风险,与为老员工加薪相比要大一些。

不管运用什么方法、什么手段争取加薪,都不可任意妄为,要把握好"度"。任何事情都有一个"度",超过这个"度"就会适得其反。

要时刻为升职加薪做准备,循规蹈矩是不能创造机会的。因为天上不会掉馅饼,只有不断地寻找和创造机会才能达到加薪的目的。要想得到机会,首先要为机会做准备,常言说得好,"不打无准备之仗",机会总是留给有准备的员工。

(6)好好表现

在公司里工作一段时间后,一个员工应该寻找各种机会对公司的结构了解清楚,看一看这个公司是否适合自己的发展,在此工作有没有前途,晋升加薪的机会有多大。如果你准备为这家公司效力并准备进一步升职加薪,就需要一些专业资格,如果你在这一方面有些欠缺,最好能争取到进修的机会,并向公司申请,这样做的目的是向公司传达一个信息:你是为公司而学的,你的好学上进将使公司在日后多了一名专业人才。这一步如果走好的话,对你日后在公司的加薪有很大的好处。

争取加薪的机会有很多,只要在日常的工作中细加注意,就可以发现有很多是既不引起同事的注意、又能充分表现自己的机会。例如,代理请假同事的工作,暂时被要求负责等等,都是表现的良机。要珍惜机会,负责地做好工作。千万不可以为了争取表现机会,大张旗鼓地四处抢工作,这样会引起同事不满,是得不偿失的。

在公司里你会遇到各种各样的诱惑和许多不平等的事,在这样的情况下,要学会克制自己的情绪。如果一不小心做出强烈的反应和悖理行为,你将为此付出代价。

在公司里工作严守纪律是必不可少的,大多数上司都会重视员工的时间观念。一个不守时的下属是不会有机会升职和加薪的。严守公司的纪律，就是尊重上司的规矩。没有规矩不成方圆，只有你能严守公司的各项纪律，别人才会对你表示服从，如果一个没有纪律观念、且不尊重公司各项制度的人被升职加薪，那么其他员工们必然不服，对公司的发展将会有副作用。

如果你所从事的是一项平常的工作，那么就应当在乎谈业务之中不断地发现新问题，不断地产生新的创意，并与上司就这些创意进行讨论。这样上司就会注意到你的进取精神，因而对你会更加器重，就会把你从平淡的工作中提升出来，给你一个能发挥才能的职位和相应的薪水。

上司不仅希望员工能发现新问题，而且也希望员工能够解决问题。如果你发掘出一大堆问题，都不知道如何去解决它，那么上司不仅不会欣赏你，而且会感到你是一个非常麻烦的人，就不会晋升和重用你，更不用说加薪了。

(7)谨慎争薪

我们强调在与上司相处的过程中要学会争薪这个问题，就是由于有太多的人因为不会争薪而频频“吃亏”。

不会争薪，一般有两种表现，一种是不敢争薪，甚至连自己应该得到的也不敢开口向老板要求，既怕同事有看法，也怕给老板造成坏印象，大有“君子不言利”的味道；一种是过分争薪，有则争之，结果常常跟在老板屁股后喋喋不休地讲价钱，谈薪水，把老板追得很烦。其实这两者都是不会争薪的表现，争薪也有个技巧问题。

俗话说：老实人吃哑巴亏，会哭的孩子有奶吃，这是我们的祖先总结出的地地道道的“真经”。例如，在同等条件下，两个同事工作都比较勤恳认真，但在加薪时一个“有苦难言”，对老板只提了一次要求，但另一位却三天两头地找老板诉苦，有空就拨拨老板脑子里面加薪的这根弦，结果被优先考虑，而他的那位老实的同事却只能眼巴巴地看着别人长了薪水，难道他不明白其中的奥妙吗？

有的人认为向老板要求加薪，就肯定要与老板发生冲突，给自己找麻烦，影响两者的关系，什么都不敢提，结果常常是自己吃亏。在干好本职工作的前提下，要求自己应该得到的东西也是合情合理的，付出越多，应该得到的报酬就越多。

只要你能为上司干出成绩，向老板要求你应该得到的薪酬，他也会满心欢喜。若你无所作为，不管在薪酬面前表现得多么“老实”，上司也不会欣赏你。

实际上，从领导艺术上讲，善于控制下属的上司也善于将手中的加薪指标作为笼络人心、激发下属的一种手段。一个有价值的员工，一个有成就的员工，为自己争取薪水是光明正大的。

但是向上司提出请求时应该讲究方式，不能简单化。宜明则明，宜暗则暗，宜过则迂，这要依据上司的性格、你与上司以及同事的关系、你的人缘等因素而定。

可采用“明示法”，就是通过书面形式明确地向上司提出自己的请求。或采用“暗示法”，即在与上司沟通过程中作出某种暗示，如“我要是担任某职，会如何做，会比某某更能干……”或采用“迂回法”，即请他人转达自己的请求，而这个人最好是老板的知己。如果你的职位上去了，薪水自然也很快地提升上去了。

7 负责任才能担大任

一份工作就是一份责任，一个职位更是一份责任。职位越高，责任越大。所以，要想升职，负起责任是最重要的。只有敢负责任，上司才敢把更好的、更高的职位交给你，才能放心。一个不负责任的人，任何人都不敢交给他任何事情。所以，每个企业的领导都喜欢有责任心的员工，而且这样的员工最终将得到重用。

小田千惠是日本索尼公司销售部的一名普通接待员，工作职责就是为往来的客户订购飞机票、火车票。有一段时间，由于业务的需要，她时常会为美国一家大型企业的总裁订购往返于东京和大阪的车票。

后来，这位总裁发现了一个非常有趣的现象：他每次去大阪时，座位总是紧邻右边的窗口，返回东京时，又总是坐在靠左边窗口的位置上。这样每次在旅途中他总能在抬头间就能看到美丽的富士山。

“不会总有这么好的运气吧？”这位总裁对此百思不得其解，随后便饶有兴趣地去问小田千惠。

“哦，是这样的，”小田千惠笑着解释说，“您乘车去大阪时，日本最著名的富士山在车的右边。据我的观察，外国人都很喜欢富士山的壮丽景色，而回来时富士山却在车的左侧，所以，每次我都特意为您预订可以一览富士山的位置。”

听完小田千惠的这番话，那位美国总裁打内心深处产生了强烈的震撼，由衷地称赞道：“谢谢，真是太谢谢你了，你真是一个很出色的雇员！”

小田千惠笑着回答说：“谢谢您的夸奖，这完全是我职责范围内的工作。在我们公司，其他同事比我更加尽职尽责呢！”

美国客人在感动之余，对索尼的领导层不无感慨地说：“就这样一件小事，贵公司的职员都做到尽职尽责，那么，毫无疑问，你们会对我们即将合作的庞大计划尽心竭力的，所以与你们合作我一百个放心！”

令小田千惠没有想到的是，因为她的尽职尽责，这位美国总裁将贸易额从原来的500万美元一下子提高至2000万美元。

更令小田千惠惊喜的是，不久她就由一名普通的接待员提升至接待部的主管。

勇于承担职业责任，你一定能够比别人完成得更出色。职责是每个人的使命所在，是所有企业崇尚的一种精神财富。一个优秀的员工要做的就是对你的工作、对你所在的企业负责。工作就意味着责任，一个敢于承担责任的人，走到哪里都将会成为一名优秀的最可爱的员工。

责任感是一种品质，更是一种职业的素质。一个没有责任感的员工，也是不可能指望升职的，因为所有的上司都会担心：这样的职位给你，搞砸了怎么办？！

8　越敬业的人越容易得到提升

在现代职场，一个员工是否成功，取决于他的敬业程度。敬业不仅仅是为了对老板有个交代，更重要的一点，敬业是一种使命，是一个职业人士应具备的职业道德。如果你在工作上敬业，并且把敬业变成习惯，你会一辈子从中受益。

敬业是一种责任精神的体现。一个对自己工作有敬业精神的人，才会真正为企业的发展做出贡献，自己也才能从工作中获得乐趣。

土光敏夫在担任东芝株式会社社长时对员工的要求很高，他认为：为了事业的人请来，为了工资的人请走。能够因为事业的价值聚集在一起的才能真正把事业做大，即使企业面临困境时，这些人也会和企业风雨同舟，荣辱与共。而那些因为工资才来的人，只是看重企业的福利和待遇，并不是企业本身对他有吸引力，如果有一天，公司出现困难，他们肯定会拍拍屁股走人，因为他们想要的东西公司已经不能再给予他们了。他们自然会到一个能够给他们带来物质满足的企业，但绝不是现在的企业。

这就是敬业和不敬业的区别。为了事业的人才是敬业的人，敬业给人带来的满足感不是薪水的原因，而是工作本身给人带来的满足感和成就感。当一个员工敬业时，他对公司的忠诚，绝不会因为一些物质因素的改变而渐渐丧失。

一个随时以公司利益为重的人,必然是个敬业的人,也是一个不光为别人打工、同时更是为了自己而努力工作的人。当你在为公司努力工作时,公司的利益和个人的利益在此便画上了等号。

1963年,25岁的吉拉德从事的建筑生意失败,身背巨额债务,几乎走投无路。后来他只有改行,去卖汽车。开始时他并没有把推销员这份工作放在眼里,只是将之当作养家糊口的一种手段。

当他第一天经过努力卖掉了一辆汽车后,他内心的想法完全改变了。他掸掸身上的灰尘,咬牙切齿地对自己说:“就这样,好好地干,你一定会东山再起的!”

从此以后,吉拉德把心思全用在了工作上。用废寝忘食一词来形容他对待工作的态度一点不为过。一次,妻子打来电话,说他们的小儿子已住进了医院,让他赶快过去。当吉拉德匆忙换下工作服准备离开时,一位顾客找上门来,说刚买的汽车刹车不好使,要求他尽快给调一下。吉拉德二话没说,立即又换上工作服钻进了车底,一干就是几个小时。当他拖着疲惫的身体赶到医院时,妻子已经搂着儿子进入了梦乡。他并没有惊动他们母子,而是在病房的墙角蹲了一夜,第二天便又早早地去上班了。

就在吉拉德一个月没有卖出一辆汽车时,他也没有失望,多年的经验和教训告诉他,所有的工作都会有难度,都会出现这样那样的问题,如果一遇到问题就缩头退让,或者一次接一次地跳槽,情况有可能会越来越糟。

他常把对待工作敬业的态度形容成一个人种下的一棵树,从种下去开始,只要你精心呵护,倾注你的热情,该浇水时浇水,该剪枝时剪枝,到它慢慢长大,就会给你回报。

作为一名汽车推销员的吉拉德,目前种下的树苗已成参天大树,给他带来无穷的财富。世界上汽车推销商的平均销售记录是每周卖出7辆,而吉拉德凭一人之力平均每天卖出6辆。因此被誉为“世界上最伟大的推销员”。

在现实生活中，我们经常会看到一些受过良好教育、才华横溢的“穷人”，他们在公司里长期得不到提升，主要是因为他们不愿意自我反省，养成了一种嘲弄、吹毛求疵、抱怨和批评的恶习。他们根本无法独立自发地做任何事，只有在被迫和监督的情况下才能工作，被动地去工作。最根本的原因，是他们还没有悟透一个道理：务力工作并不仅仅有利于公司和老板，其实真正的最大的受益者恰恰是他自己。

其实一个人能力的大小，知识只占20%，技能占40%，另外40%就是态度。这里40%的态度，就是一个人的敬业精神，也可以和我们一直强调的“主人翁精神”画等号。

初涉职场的年轻人都有这样的感觉：自己做事是为了老板，是在为老板挣钱。其实，这是情理之中的事，如果你的老板不挣钱，你又怎么可能在这家公司工作下去呢？

但也有些人认为，反正是在为别人干活，能混就混，公司亏了也不用我承担，甚至还扯老板的后腿。实际上，这样做对老板、对你自己都没有丝毫的好处。

事实证明，敬业的人能从工作中学到比别人更多的经验，而这些经验便是你向上发展的阶梯。就算你以后更换了工作，从事不同的职业，丰富的经验和好的工作方法也必会为你带来强有力的帮助，你所从事的任何行业都会极容易获得成功。

一名员工工作的过程同时也是一个提升自我的过程。如果你不能在工作中完善自我，则如同逆水行舟不进则退，你会掉队，跟不上时代的发展，更确切地说，你就不能为公司创造价值。不能给老板带来效益的员工在公司里是没有立足之地的。

越是敬业，工作越能取得成绩，也越能得到老板的信任，当然，也越容易得到提升。

9 任何时候都不能丢了诚信

如果企业要从以下两名员工中提拔一位做经理：第一位，高学历，品德好，做事非常认真，但不够灵活；第二位，学历低一点，可能只有初中文化，但正所谓蛇有蛇道、狼有狼道，比较灵活一点。该如何选择呢？

一般说来，企业都会选择品德好的那一个。品德第一，能力第二。有德有才的，要重用；有德但才能一般的，可以培养使用；有才无德的，会害死人；无德无才的，自然更不能用了。

信任是商业之本。商业交易之所以能够完成，就是建立在人与人之间的基本信任上，很难想象，一个缺乏诚信的商业世界将会是什么样。

对企业员工来说，诚信是其立足职场之本，是首要的职业精神。要想在职场上做到不可替代，就一定要遵守职场上的规矩，首先就要做到诚信。诚信，简单来说，就是不欺上，不瞒下，不违背公共道德。

诚信者走遍天下。中国古话也讲，人无信不立。曾有人问李嘉诚，你是如何用人的？

李嘉诚回答："看他的忠诚度、可靠度。忠诚、可靠的人，就是品德好的人。我主张用品德好的人。"

每个人都要对自己的职业生涯负责。建立诚信，遵守职场规则，要从点滴做起。

如今，职场上不诚信的行为比比皆是，切不可等闲视之。比如说，2007 年 7 月，世界著名酒店管理公司美国洲际酒店集团亚太地区的首席执行官帕特里克·巴德利因为履历作假而被解雇。公司发表的声明中说："公司对巴德利以前递交的学历进行了审查。巴德利先生称自己取得了三所大学的学位，但他只是上了几堂课，没有从学校毕业。我们认为，巴德利先生不诚信，有违公司的道德准则。”

诚信是商业伦理中的核心内容，同样也是职场伦理中的核心内容，特别是在今天这个“信任危机”的社会。无论雇主还是雇员，在职场中都要做到诚信，这是建立和谐职场的基础。要想做到不可替代，诚而有信是基石。

无论什么时候，我们都要相信，做一个好人、做一个诚而有信的人，得到的利益是最大的。靠弄虚作假吹出来的美丽肥皂泡是经不起事实考验的，待谎言戳穿，也就是其颜面无存之时。我们不要因为别人没有注意，就可以把自己当成鸵鸟，把头埋在沙子里。你自以为别人看不见，实际上，你是瞒不住的。你认为你能瞒过老板吗？难道老板很笨？你以为你能瞒过会计？难道所有的会计都是笨蛋？也许你能瞒过一次两次，也许他们疏忽大意了一次两次。你以为自己很聪明，于是胆子越来越大，那么到最后，来抓你的就是警察了。我相信，许多时候，企业与企业之间的违法犯罪行为不是老板发现的，也不是监督审计部门发现的，而是同行举报的。

人与人之间的信任，是靠时间慢慢积累的。你今天做了一件不诚信的事，就等于为明天的坟墓掘了一个坑；相反的，你今天坚持讲诚信，就等于为明天的事业大厦垒了一块砖。老板会在一夜之间把 10 万、20 万、100 万、1000 万放心地交给你来管理吗？不会！他会试过几次，从 3 万、5 万、8 万开始，慢慢地检验你的诚信度。第一次他让你管 200 块，你不贪；第二次他让你管 1000 块，你也不贪；第三次他让你管 1 万块，你还是不贪。逐渐他就会让你管 10 万、20 万，你都不贪，老板对你的信任度才会逐步提高，往后，他交给你管理的钱财才会逐渐增加。

老板都是很聪明的，如果不聪明，他当不了老板。你也别抱着侥幸的心理，妄想能逃过老板的眼睛。老板只有发现你是用心做事，是确实为公司考虑，关心公司的发展，为公司省钱，为公司赚钱，他才会让你管钱。否则的话，你是没有机会的。

20世纪80年代，有一位老板刚创业的时候，有一次到月底了，账户没有钱给员工发薪水。

他的一个朋友借给他120万港元。要知道，当时他刚创业，贸然把钱借给他，这是要冒很大风险的。万一他失败了，没钱可还怎么办？因为在此之前，他几次创业都先后失败了。创业成功的概率是很低的，可以说是九死一生。而这位朋友肯借钱给他，在别人的眼里，显得非常“笨”。

相信很多朋友不是借120万，就算借了500块、1000块，也可能玩失踪。损失了金钱，连朋友也没得做。你有没有遇到过借1000块、500块、300块，然后就找不到人的情况呢？相信不少朋友都有这样的经历。但借钱给这位老板的这个朋友，是老板一辈子最好的朋友，但是不常常见面，一年才见两三次，20年前的120万，比今天的1200万还要多，但这位朋友还是毫不犹豫地就借给了他，让他非常感动，并坚信：对朋友的诚信比对生命还要重要。

后来等到这位老板的事业有了起色，马上把120万还给了朋友。另外，还买了一份10万块钱的礼物送给朋友。

如果你没有诚信，哪怕有很多朋友，有很多关系，有很多客户，你要立业创业，保证会失败。因为谋职业做生意不是光靠钱的。在家靠父母，在外靠朋友。客户、员工、供应商，当所有这些人都信任你时，你才有机会树立自己的品牌，才能一路畅通地去做事情。否则，成功的概率将会很低。

第四章

好形象才有好前途

很多人以为，在职场我凭能力就可以了，职场又不是选美场，更不是交际场，讲究什么形象和礼仪？这样的员工可是要注意了：如果不能改变这样的观念，你将永远不会有大的作为！

1 形象是职场的"敲门砖"

职业形象，是指职场中个人在公众面前树立的印象。它是通过衣着打扮、言谈举止、外形外貌所反映出个人的专业态度、技术和技能等。一个人外在的表现，不仅是外界观察你的渠道，也是你借此向外界传达有关自己的内在信息的途径。你的世界观、你的工作态度和生活态度、你的心胸气度、你的人际和谐程度、你与环境的适应度……等等都会通过仪表表达出来，正因为此，职业形象才至关重要。职业形象包括多种因素：外表形象、知识结构、品德修养、沟通能力等等。

职业形象是个人职业气质的符号，是从最外在的形象表现出的一个职业人士的知识、品位、道德修养以及职业能力的方式。正因为一个人所有内在的涵养都会通过外在的形象展示无遗，因而，职业形象就是一个职员给人的最直接的印象，是精明干练还是细心谨慎、是绵里藏针或是外强中干都可以从职业形象中窥见，所以职业形象对职业命运就有着至关重要的决定性作用。

好的职业形象会让你一切顺心，遇山开路，遇水搭桥，顺风顺水，万事随心。而一个不注重自己形象的人，就算能力再强，也可能遭人白眼，被老板晾在一边，被客户放了鸽子。哪怕有时仅仅是细节上的不注意，也会让自己尝到失败的滋味。

小谢是公司销售部的员工，这家公司对职工的个人形象要求很高。对此，小谢也明白，作为一名销售人员，个人形象有着举足轻重的作用。因此，当他第一次外出推销产品的时候，便特意穿上了刚买的深色西装、搭配上合理的领带、一双黑色的皮鞋。穿戴完毕之后，他得意地照了照镜子，为自己的形象感到满意。之后，小谢将手机和钥匙等东西放进了西装的口袋中，就匆匆地出发了。

小谢原本以为自己的形象能为业务的畅通提供铺垫，但是结果却恰恰相反，跑了整整一天，很多接待他的人往往只打量他几眼，然后就叫他走了。

小谢对此非常疑惑。于是，就去请教他的朋友，经过朋友的点拨，他才发现自己被拒之门外的原因：他在口袋里装上手机、钥匙等，使他的高品位西装一下子变得没品了，在如此正式的场合，肯定会受到冷遇。

所以，着装的细节也不可忽视。因为恰恰是这些小细节会影响自己的业务，甚至是前途。所以，精心打造自己的职业形象是非常重要的。

职业形象需要塑造，但是千万不要以为职业形象只是发型、衣着等外表的东西，现代意义的形象包括仪容(外貌)、仪表(服饰、职业气质)以及仪态(言谈举止)、行为规范、专业形象等方面，其中最为讲究的是形象与职业、地位的匹配。一个好的职业形象，不光是把自己打扮成多么美丽、英俊，最主要的是要做到自身发型服饰、气质、言谈举止与职业、场合、地位以及性格相吻合。其中最重要的当然是要体现出你在职业领域的专业性，任何使你显得不够专业化的形象，都会让人认为你不适合你的职业。

同时，职业化形象也你在自我思想、追求抱负、个人价值和人生观等方面与社会进行沟通并为之接受的方法。职业化形象是要体现出你在该职业领域的专业性。如果你想事业有成，首先你得让人看起来就有可能成为事业有成的人士。

职业形象要表现得专业，首先要在衣着上尽量穿得像这个行业的成功人士，宁愿保守也不能过于前卫时尚。另外最好事前了解该行业和企业的文化氛围，把握好特有的办公室色彩，谈吐和举止中要流露出与企业、职业相符合的气质；要注意衣服的整洁干净，特别要注意尺码适合；衣服的颜色要选择皮肤的中性色，注重现代感，得体大方。

成熟稳重是专业形象的关键，所以在日常工作中一定要注意表现出自身的成熟。应该尽量避免脸红、哭泣等缺乏情绪控制力的表现，因为那不但令你显得脆弱、缺乏自制力，更会让人怀疑你会破坏公司形象。另外，在言谈中表现出足够的智慧、幽默、自信和勇气，少用嗯、呵等语气词，会使你看起来更果断而可靠。

职业形象要达到几个标准：与个人职业气质相契合、与个人年龄相契合、与办公室风格相契合、与工作特点相契合、与行业要求相契合。个人的举止更要在标准的基础上，在不同的场合采用不同的表现方式，在个人的装扮上也要做到在展现自我的同时尊重他人，还要顺眼、协调、得体。

良好的职业形象绝非一朝一夕就能养成，它必须经过精心的策划和长期的磨炼。当今时代是一个张扬个性、丰富多彩的时代，个人形象的设计不但要根据行业统一标准的基础而定，也要协调自我的喜好、兴趣。灵活掌握外在形象设计和内在涵养的修炼是人生的重要一课。

职业化形象塑造尤其要重视以下几点主要内容：

1)仪表仪态——符合行业特色、企业文化、办公环境、个人职位、个人特色等；

2)行为举止——规范得体；

3)待人接物——有理有节；

4)办公室礼仪——符合职场规范；

5)注重商务礼仪——对外树立企业形象；

6)塑造个人职业品牌——成熟稳重，诚信等。

职业化形象塑造的核心是构建个人职业品牌，树立个人在本质与岗位上的良好口碑！成熟稳重得体是职业形象塑造的关键，所以在日常工作中一定要注意表现出自身的成熟、端庄以及专业。衣着要得体端庄，妆容要整洁自然，衣服要整洁干净，等等。

2 职业衣着一定要得体

衣着，虽然仅是一层包装，却将人的自我形象和自我价值表彰于最外层，不但在心理学上会影响到自我激励和自我肯定，更在营销学上会影响到顾客对我们的主观印象和价值判断。一位曾在惠普工作的职工这样回忆他的职场第一课：

我刚进入惠普科技的第一年，必须通过8场简报，方能正式拜访顾客。我的第一场简报是公司简介，我非常慎重地将自己关在小会议室里准备了三天三夜，连前辈的光盘都看过了N遍，动作、台步、语气、开场、串场、结尾、投影仪操作，一再地模仿练习。我本来就有主持大型活动的经验，上台讲话并不是难题，不过，简报那天，我虽是当日唯一通过的，评审们却对我的衣着给予了严厉的批评——我留的学生头没有露出额头、领带打得太短、手上拿着圆珠笔还不时拿出来转呀转、皮鞋没擦亮、袜子颜色不对。

评审们问我："知不知道你卖的是什么？"我回答："计算机。"他们又问："总价多少？"我答："几十万至数百万。"他们又问："顾客买的时候有没有看到计算机？"我答："没有，半年后才交机。"又问："有没有看到公司？"答："没有。"问："看到谁？"答："我。"最后他们问："你看起来像是够资格托付几十万至数百万生意的专业人士吗？还是只是一个不经世事的毛头小子？"这真的给我上了宝贵的一课！

我们常常以为我们是为自己而穿，往往忽略了我们的衣着代表了我们的公司形象、产品价值以及我们的专业素养。最严重的，是漠视了顾客对我们衣着的观感和印象。

制造产品和贩卖产品的人,常常强调他们的产品功能有多好,质量有多棒,却不知道这些要等顾客买了、用了才能验证;而决定顾客买不买或喜不喜欢的第一个关键,却是包装。

其实看人也是一样,你有没有真才实学、是不是热情真诚、诚实守信,一眼是看不到的,决定他们对你的判断的标准首先是你的外表和穿着打扮。

常言道"人靠衣妆马靠鞍",如果你希望在职场建立良好的形象,那就需要全方位地注重自己的仪表。从衣着、发式、妆容到饰物、仪态甚至指甲都是你要关心的。

其中,着装是最为重要的,衣着在某种意义上表明了你对工作、对生活的态度。衣着对外表影响非常大,大多数人对另一个人的认识,可说是从其衣着开始的。衣着本身就是一种武器,它反映出你个人的气质、性格甚至内心世界。一个对衣着缺乏品味的人,在办公室战争中必然处于下风。上班时穿得体的正装,胜过千言万语的表达。

男士职场着装原则有:

1. 三色原则:三色原则一直以来都是男士着装礼仪中所重点强调的内容,主要指男士身上的色系不应超过三种,很接近的色彩视为同一种。

2. 有领原则:正装必须是有领的。无领的服装,比如 T 恤、运动衫一类不能成为正装。男士正装中的领通常体现为有领衬衫。

3. 纽扣原则:在绝大部分情况下,正装应当是纽扣式的服装,拉链服装通常不能称为正装,某些比较庄重的夹克事实上也不能成为正装。

4. 皮带原则:男士的长裤必须是系皮带的,通过弹性松紧穿着的运动裤不能成为正装,牛仔裤自然也不算。即便是西裤,如果不系腰带就能很规矩,那也说明这条西裤腰围不适合你。

5. 皮鞋原则:正装离不开皮鞋,运动鞋、布鞋和拖鞋是不能成为正装的。最为经典的正装皮鞋是系带式的,不过随着潮流的改变,方便实用的懒式无带皮鞋也逐渐成为主流。

女士着装的原则：

女士着装注意的问题相对男士着装原则来说多了一些流行因素在其中。最基本的要求是，女士职场着装必须符合个性、体态特征、职位、企业文化、办公环境、志趣等等。

1.场合原则：当你在正式场合中，穿着要庄重考究；出席宴会，要穿着晚礼服或者古典服饰；与朋友一起游乐则可以随心所欲、轻便舒适便可。

2.时间原则：在职场礼仪中一般对男性在不同时段着装要求不高，但是女士不同。工作时，女性需要穿着正装，以体现其专业性；下班后则可以换上休闲或更加性感的着装，以体现其个性与美丽。

3.地点原则：舒适但整洁的休闲服可以在家中接待客人时穿着；穿职业套装去公司或单位拜访，会显得比较专业、严谨；在外地要尊重当地的传统和风俗习惯，不能穿过于暴露或紧小的服装去教堂或寺庙等场所。

4.整洁平整：并不是高档华贵的服装才能展现人的形象，只需保持衣着清洁，整齐笔挺，大方得体，就能够展示自己的风采。衣着整洁更是尊重他人的表现。

5.配套全面：在衣服之外，我们还需要对鞋、袜、手套等的搭配多加考量。凉鞋或靴子不宜参加正式、庄重的场合。

6.饰物佩戴：应尽量选择与自己衣服同一色系的饰物，但是最关键的还是要饰物与整体服饰效果统一。

另外职业女性还要注意无需一味模仿办公室里男士的服饰打扮，要有一种“做女人真好的心态”，充分发挥女性特有的柔韧。

女性的穿着打扮应该灵活有弹性，要学会怎样搭配衣服、鞋子、发型、首饰、化妆，使之完美和谐。最终被别人称赞，应该夸你漂亮而不是说你的衣服好看或鞋子漂亮，那只是东西好看，不是穿着好。

职业套装更显权威，选择一些质地好的套装，然后以套装为底色来选择衬衣、毛线衫、鞋子、袜子、围巾、腰带和首饰。

每个人的肤色、发色、格调不同，适合自己的颜色也不同，要选择一些合适自己颜色的套装，再根据套装色为底色配选其他小装饰品。

身在职场不仅要懂得穿衣的基本原则，还要注意一些技巧，在不同的场合、不同的身份、自身原因等因素都要考虑进去。

着装要与环境相协调。当人置身于不同的环境、不同的场合，就必须要有不同的着装，要注意穿戴的服装与周围环境的和谐。比如，在办公室工作就需要穿着正规的职业装或工作服。比较喜庆的场合如婚礼、纪念日等可以穿着时尚、潇洒、鲜亮、明快的服装等。

着装要考虑个人身份角色。每个人都扮演不同的角色、身份，这样就有了不同的社会行为规范，在着装打扮上也自然有其自身的规范。当你是一名柜台的销售人员，就不能过分打扮自己，以免有抢顾客风头的嫌疑；当你是企业的高层领导人员出现在工作场所时，当然就不能随心所欲地去穿着了。

着装要和自身条件相协调。要了解自身的缺点和优点，用服饰来达到扬长避短的目的。所谓“扬长避短”重在“避短”。比如身材矮小的适合穿造型简洁明快、小花形图案的服饰；肤色白净的，适合穿各色服装；肤色偏黑或发红的，切忌穿深色服装等。

着装要和时间相协调。只注重环境、场合、社会角色和自身条件而不顾时节变化的服饰穿戴，同样也不好。比较得体的穿戴，在色彩的选择上也应注意季节性。

记得有一位服装设计大师说过这样一句话：“服装不能造出完人，但是第一印象的80%来自于着装。”那么就好好包装自己，让自己眼前一亮吧！好的着装会给你带来更闪耀的光芒和前途。

3 职场男士穿西装的“金规”

社会对于男性在形象上总是宽容得多,远远没有像要求女性那么苛刻和挑剔。但是现代职场,职业形象的好坏对于职业前途的影响也照样适用于男性,因而,男性职员对于自己的形象也不可忽视。要学会修饰,学会打扮,才能更有利于职场。

西装是职场男士着装的基本选择,因而如何把西装穿得挺括,穿得有型,穿得仪表堂堂、风度翩翩,不仅关乎自己的职业形象,也是基本的素质。

(1)熨烫平整。穿西装时必须保持西装的干净整洁,否则会给人留下不好的印象;其次还要进行认真的熨烫,使西装显得平整、线条笔直。这样才会美观大方,西装才会为个人增添光彩。

(2)拆除商标。在正式穿西装之前,一定要将衣袖上的商标拆除,这样就等于对外宣告这套西装已被启用。如果为了显示西装的牌子而迟迟不摘商标,只会让人耻笑。

(3)扣好纽扣。一般来说,西装穿着上讲究“扣上不扣下”的原则。双排扣西装应该将扣子全部扣好;单排两扣的西装可以扣最上面的一颗,也可以选择不扣;单排三扣的西装可以扣最上面的两颗,可以只扣中间的一颗,还可以全不扣;单排四个扣可以选择扣上面三颗,也可以扣中间的两颗,还可以全不扣。通常来讲,在正式的场合,起立的时候应该扣好纽扣,坐下的时候,可以将单排扣的西装纽扣解开。

若是穿西装背心,不论是将其单独穿,还是同西装上衣配套穿,都要认真的扣上纽扣,不可随意地任其敞开。如果选择单排扣的西装背心,最下面的那颗纽扣应当不扣,双排扣的西装背心则要全部扣上。另外还要注意以下几条：

(1)不卷不挽。穿西装的时候，一定要精心呵护它的原状，不要随意地将其脱下，也不可将西装当成风衣一样披在肩上，更不可将上衣的衣袖挽上去，或者随意卷起西裤裤管。这样，不仅会给人造成一种粗俗的感觉，也是一种不符合礼仪的表现。

(2)注意口袋。西装上衣的口袋只具有装饰作用，不能将其用来装物品。除非是参加活动的时候，可以在左胸部的衣袋里放装饰手帕。同样，西裤的口袋里也不要装任何物品，否则会影响美观。

(3)慎穿毛衫。一般来说，职业人士在穿西装的时候，里面除了衬衣、背心之外，最好不要再穿任何衣物。如果在冬季的时候，可以稍作变通，加一件薄“V”型领的单色羊毛衣或者羊绒衫。

4 男士衬衣的选择和穿着

男人的西装得体与否很重要，人们往往注重西装的笔挺而忽视了衬衣的选择，总认为再好的衬衣也会被光鲜的西服和别致的领带所掩盖，殊不知这样看似不起眼的“内饰”往往决定了一个人的真实品味。衬衣是不可或缺的装扮，这就不仅要符合颜色的搭配，整体的平整，还要注意细节的特点，一点点的变化，比如领子、纽扣、纹路都足以改变整体的形象，所以，一定要选质地优良、做工精细、剪裁合体、颜色素雅的衬衣。

无论你是何种体型，纯色衬衫尤其是白衬衫毋庸置疑是绝对必需品，搭配任何颜色的西装，都能有压倒性的效果，也容易给人朝气、干净之感，因此，一次可以购买数件白色衬衫。尤其男性又特别容易汗流浃背，衬衫的寿命自然缩短，一旦衬衫发黄，便回天乏术了。

条纹衬衣也是不错的选择，只要线与线之间的间距不要过大，线条不致于过粗，都是可以接受的。最安全的条纹尺度，其条纹间的间距小于1厘米，并以规则的距离排列，线条宽度极细，犹如自动铅笔划过之线条，即为不易出错的样式，值得推荐。

选择格子衬衫对于职业男性而言，一定要小心谨慎才不会出错。如同条纹衬衫一般，格子的面积若是呈微小保守的细格子，大致没啥问题，但若格子的面积甚大，休闲味道便浓厚，此时就不适宜于在工作等正式场合穿着，因为无法传达出庄重之感，而在平常假日休闲时刻，倒是很不错的打扮。

另外，衬衣要选择天然的材质，棉、麻、丝的质地较好，剪裁要合身，领口和袖口的细节处理要到位，扣子也一定要精致。

5　西装、衬衣和领带搭配的技巧

巴尔扎克曾说过："领带是男人的介绍信。"领带对于男人有着特殊的意义，是男士绅士风范的表现。概括地讲，在颜色搭配上，黑领白衬衫不宜搭配浅色领带。衬衫本身已经是浅色调，同样浅色调的领带会与衬衫撞色，消减原本的装饰效果。这时，宜选择比衣服领口颜色浅，但深于衬衫颜色的领带。纯白色沟衬衫基本适合各种深色系的领带。如果是胸前装饰有条纹褶皱的复古式衬衫，传统的上细下宽的领带并不适合这样的衬衫，反而会破坏这类衬衫本身的优雅。此时，可以选择线条匀称细致的窄领带，而且纯色最佳。

领带搭配不光要注意色调，还要注意打领带的方法。虽说领带就是打一个结，但却并非随随便便一挽就能了事的，不同的结代表着不同的品位和风格。领带的打结方法有亚伯特王子结、温莎结、浪漫结、马夫结等。

当然，西装、衬衣和领带不仅要选择好，更要搭得好。如果搭得不好，一样会遭受白眼，惹人笑话。

当多年的合作伙伴李总为钱总隆重介绍林女士时，钱总展现了惯有的标志性微笑，然而林女士的眼光却一直停留在钱总的衬衣上，这让钱总很是尴尬，下意识自我审视了一番，也没有发现有什么不妥。在接下来的深入交谈中，宴会的焦点人物林女士开始表现得不耐烦，而且频繁地给钱总白眼。钱总打了个哈哈借口离开，进入洗手间，对着镜子照了半天才恍然大悟，原来是自己的衬衣有问题。不是颜色的搭配不好，也不是有褶皱，细看下是衬衣的款式有些轻佻，不稳重。这件衬衣是儿子给自己买的礼物，领子尖而细长，单穿的话没有什么问题，而且还显得很年轻和有朝气，但是作为内穿搭配西服就有些奇怪的感觉，外层庄重，内层轻佻，整体会显得不伦不类没有品味，怪不得会遭到女士的白眼！可是宴会中也没有办法找合适的衬衣换了，因此钱总恼火归恼火，但是聪明地把西服脱去，领带拿掉，以一个新的面貌重新投入宴会中，并给人耳目一新的感觉，林女士也颇感惊讶，还主动找机会和钱总说话。

可见，和谐、得体、讲究的搭配也是非常重要的。那要怎样才能让三者和谐一体呢？

西装、衬衫和领带三者之间的搭配应遵循以下几个原则：

(1)三单色组合

这种组合为大多数人所接受，而且外观整体效果好，它沉着、稳重，显得十分气派。

(2)二单色和一图案组合

如果领带有图案，领带的颜色至少要和西装或衬衫中任何一件的颜色吻合，最好是和两者的颜色吻合；如果衬衫有图案，衬衫的颜色就要和西装或领带中任何一种颜色吻合；如果西装有图案，领带的颜色应至少和西装图案中的某一种颜色吻合；如果西装是单色图案，可选择和西装颜色相对的单色领带。

(3)一单色和二图案组合

这种组合很巧妙,但不易掌握。颜色或花型差不多的两种图案之间插入一单色,例如,西装和领带都带有区别不大的图案,那么衬衫应用单色。

通常,衬衫的颜色应该与领带上次要颜色中的一种相配。一般而言,领带上的图案应该比衬衫上的更显眼。有时,可以选择图案都很鲜明的衬衫和领带。但是,千万不要让衬衫上的图案压过领带上的。

西装、衬衫和领带之间的颜色应对比呼应,否则会显得过于单调或花哨。制造对比的原则有两种:暗与亮,亮与艳,例如:深棕色的西装,咖啡色衬衫,配一条米色的领带,就会显得优雅大方。

颜色搭配也大有门道,一般要注意以下原则:

(1) 黑色西服,穿以白色为主的衬衫和浅色衬衫,配灰、蓝、绿等与衬衫色彩协调的领带。

(2) 灰西服,可配灰、绿、黄和砖色领带,穿白色为主的淡色 衬衫。

(3) 暗蓝色西服,可以配蓝、胭脂红和橙黄色领带,穿白色和明亮蓝色的衬衫。

(4) 蓝色西服,可以配暗蓝、灰、胭脂、黄和砖色领带,穿粉红、乳黄、银灰和明亮蓝色的衬衫。

(5) 褐色西服,可以配暗褐、灰、绿和黄色领带,穿白、灰、银色和明亮的褐色衬衫。

(6) 绿色西服,可以配黄、褐色和砖色领带,穿明亮的银灰、蓝色、褐色和银灰色衬衫。

永恒的时尚搭配是白色或浅蓝色衬衫配单色或有明亮图案的领带。这是永不过时的搭配,而且适合任何场合。

鲜艳颜色的西服宜配灰色、黑色、白色或同类色高明度的衬衫,暗色西装内宜衬浅色衬衫,单色西装视礼仪性场合的气氛配穿花色或条纹格类衬衫。纯色西服适合搭配条纹的衬衫+纯色或小图案领带,条纹西服适合搭配纯色衬衫+小图案领带,深色西服搭配浅色衬衫和深色领带,浅色西服搭配深色衬衫和浅色领带 。

西服、衬衫、领带不能够颜色过于接近，比如全黑，全蓝，都是错误的搭配。如果穿了一件黑色西服＋深色衬衫，那么你的领带一定需要是浅色的。反过来亦然。

在服装搭配之道中，简单永远讨好。如果你对自己选择领带的品位不那么自信，就不要企图标新立异。要知道，多数男人对于图案的感觉都不怎么样。不仅如此，你永远不知道自己“与众不同”的品位可能会引起什么人的反感。总的来说，西服、衬衫与领带的搭配在某种程度上还反映着你为人处世的老练程度，所以越是经典的越不容易出错。

6 男士休闲装穿着要得体

西装是职场男士的首选，却并非唯一的选择。新入职场的男人，在着装上有了更多的可能。那些大方得体的休闲装逐渐地也进入了严肃的办公室里，那种自然随意的装扮让职场男士们更加自由，也更具有男性魅力。

休闲外套的搭配关键在于体现出自然休闲的特点。所以无论你的亮裤或者丽衫有多么好的质感与款式，还是要打包收藏，不然肯定会收到很多异样的眼光。牛仔裤始终是休闲外套最合适的搭配。你只要注意你外套的色彩饱和度与仔裤的饱和度不要相差太远就行了。灰色的休闲外套具有很高的搭配度，基本上可以和任何色彩搭配。之后再用一些有趣的图案来打破灰色的沉闷就好了。另外，紫色的外套会让你的气质看起来与众不同，但是一身全是紫色同样会让人忍俊不禁。

再挑选休闲服饰的时候，就要把你的购物色调锁定在卡其、黑色或者灰色等一些中立色调上面。然后再从这个色系的允许范围内从款式上选择你的衬衫、领带、针织衫等服装。灰色的西装是可以百搭的。低调的衬衫和裤子也可以与不同的单品搭配，多次穿着而不会引起人们的反感，或会给人留下太深的印象。深色的牛仔裤不显脏，而且可以比较随意多样的搭配。

小图案的衬衫会给人带来成熟的感觉，而衬衫的颜色，还是越贴合越好。比如黑色可以搭配灰色、棕色、巧克力色，等等。当然，另一种带有明亮跳跃大方格和图案的衬衫，也是很不错的选择，但是这样的服装注意不要在工作的场合里出现，等到你下班或者休息时间里换上吧。

如果你工作环境对着装要求比较严格，那么你也可以尝试下商务休闲装。过去的西装显得过于正统、刻板，而且使用场合有限。现在经过改良的商务休闲装，则有着大方、亲切的特点，而且穿起来自然舒适，最重要的是还能保持着端正严谨的感觉，很大气。在竞争日益激烈的今天，商务休闲装不仅呈现出了男性的地位和品位，而且也反映了他们轻松自信的生活态度。

7　职场女性衣饰以端庄大方为上

职业女性的着装与其他场合的着装是有区别的，其主要原则有：

(1)庄重大方

职业女性的着装外形正变得飘逸轻柔，已渐渐走出女强人的模式，衬衫款式以简单为宜，与套装配衬，给人干练、朝气、充满亲和力与感染力的印象。

一般我们对于职场上的女性，大家最需要避免的就是不要在公共场合穿着更重女性化的一些衣服，因为在工作场合更重要的表达你的工作力量，所以你尽可能穿端庄的、有直线条的衣服，比如说西服套裙，这个是标准的服装。因为是有角度感的衣服,我们人看到不同物体的时候,会有不同的心理感受,看到非常柔美曲线化的东西,可能会是一种妩媚,或者是比较偏重于浪漫等等的感受。但是我们如果看到线条的东西,这个会有力度感,也会有快捷和简便感觉,这个对你工作能力有很好的强化和辅助作用。

(2)成熟含蓄

许多职业女性着装的原则是专业形象第一,女性气质其次,其实,最上乘的选择应在专业及女性两种角色里取得平衡,搭配出最佳效果,表现出职场女性特有的成熟含蓄,大方沉稳的气质。

(3)素雅端庄

职业女性的上班服,应注重配合流行,但不损及专业形象,太单薄或太轻衣料,会有不踏实失庄重之感。衣服样式素雅,花色衣服应挑选规则图案或花纹加格子、条纹等。职场上,衣服颜色上不能穿粉红色、桃红色这样的颜色。稳重有权威的颜色包括海军蓝、灰色、炭黑、淡蓝、黑色、栗色、锈色、棕色、驼色,要避免浅黄、粉红、浅格绿或橘红色。化妆也是一样,就是跟工作场合要匹配。如果你过于突出的话,会扰乱整个办公的工作氛围,尤其我们还有一些窗口行业,比如说我们在面向他人到这儿办公的时候,表现你是什么样的并不重要,更重要的是表现你这个单位是什么样的,或者你机构是什么样的,你机构代表什么你要相符合,女性在职场当中要有团队意识,不要过于强化个人的妩媚。

职业着装在这些总原则之下,则可以有些新奇和巧妙的搭配来展现职业女性的风姿。

女性的职业装既要端庄,又不能过于古板;既要生动,又不能过于另类;既要成熟,又不能过于性感。相对于休闲装来说,职业装往往色调单一,样式循规蹈矩。其实,职业装里也能找到空灵与时尚的感觉,只要在细节点缀处善于发现:比如注重内搭的衬衫,尽量选择明亮色的;利用不同色系的腰带或丝巾,使平淡的着装平添一种青春亮丽的亲和感;重视与服装相呼应的胸花或胸针的魅力,或在自己粉嫩的颈上戴一条亮泽的长项链,优雅的味道便呼之欲出,漫不经心地流露出浓浓的女人味。

正式的西服套裙,首先应注重面料,最佳面料是高品质的毛纺和亚麻,最佳的色彩是灰色、棕色、米色、黑色等单一色彩。

职业套装应与衬衣相配,能与背心这种性感而削弱女性权威感的服饰相匹配。衬衣颜色应是白、棕、米、粉红色等单色。衬衣的最佳面料是棉面、丝绸制品,并应裁剪简洁,不带花边、皱边,可有简洁的线条和主格图案。

西服套装色彩要避免艳丽或者特别柔和的色彩,如淡红、明黄、深浅绿色,以及鲜红色、鲜橙色。

白衬衫可以说是职业装的最佳搭档,以高雅、清晰的风格成为白领丽人的必备单品。它的魅力在于以不变应万变的百搭风格。

西裤和西服的搭配显得成熟稳重、帅气潇洒、自由豪迈,连衣裙则适合身材窈窕的女性,常见的连衣裙款式类似套裙,长度或长或短,没有太多限制,露肩的黑色连衣裙,长度及踝,流畅而华丽的线条,令身体的美,无言的展示。神秘的黑色适合成熟含蓄的女性,可以出现的场合比较多,优雅利落的套装,给人印象是井然有序,至于颜色以黑、白、褐、深蓝、灰色等基本色为主,若嫌色彩过于单调,不妨结上一条丝巾或在套装内穿件可以亮眼的内衣。

鞋的颜色必须和服装的颜色相配,总之有一个原则:鞋子的颜色必须深于衣服颜色,如果比服装颜色浅,那么必须和其他装饰品颜色相配。不要穿露趾鞋、平底鞋、超过 7 公分的高跟鞋,中跟或低跟皮鞋为佳。不要把旅游鞋穿进办公室。保养鞋子,让它干净锃亮。在办公桌底层抽屉,备一双露趾细带高跟鞋,以备参加临时的晚宴、酒会之用。

特别要提醒的是,性感的打扮并不适合职场。有些职业女性不注重自己的身份,爱穿性感的服饰,殊不知这样不仅不会表现你的美和性感,还会让你的智慧和才能被埋没,甚至还会被看成轻浮。职场上的打扮是绝对不适合走性感路线的,这一点职场女性一定要警觉。

在商业形象设计中,对于女性的第一警告就是,突出女人性感的服装是削弱信任和职业化程度的第一杀手。加拿大形象设计师海伦·布朗杰定义:“裙子越短,权力越小。领口越低,权力越小。”我们大概很难发现一个公司的女总裁穿着吸引人们目光的、高出膝盖两英寸的裙子,穿着裸露半个胸部的紧身衣坐在总裁办公桌的后面。当然,值得一提的是,海伦定义的相反假设(裙子越长,权力越大)并不成立,职业化的着装一切都是本着适中的原则。

8 职场女性千万别浓妆艳抹

作为职场女性,化妆不仅是美化自己的需要,也是对同事对客户的一种尊重。不仅体现自己的敬业精神,也能维护自己所在单位的形象,并保证自己在商务交往中必须始终不懈地精神焕发、神采奕奕。故而绝大多数工作环境许可的单位,都要求自己的职员注重仪表,化妆上岗或淡妆上岗,这甚至成为企业的特色文化之一,统一的仪表化妆要求使得企业形象更为鲜明、更具特色。比如酒店、旅游等行业及秘书、公关等职业都是有必要化妆的,而且如果不化妆或是妆不雅都会有损于企业形象,并给企业带来损失。

但是职场化妆与平常生活中的化妆有所不同。平常的生活妆容以充分发挥自己的美和气质为目的,浓淡都可以。但是职场化妆则以尊重和怡人为原则,不可浓妆艳抹,因而选择适当的化妆品和与自己气质、脸型、年龄等特点相符是职场女性化妆的基本原则。

对于职场女性而言,不同的职业对妆容的要求也不尽相同,不同的企业也有不同的要求,但总的原则是宜淡不宜浓,宜精不宜粗,宜雅不宜艳。

工作妆的主要特征是简约、清丽、素雅,具有鲜明的立体感。它既要给人深刻的印象,又不容许显得脂粉气十足。总的来说,就是要清淡而又传神。化妆程序包括美发定型;清洁面部与手部,并使用护肤品进行保护;使用唇膏与甲油,保护嘴唇与手指甲;使用香水等等内容。工作妆以淡为主,它要求着妆者化妆后若有若无,自然而然,好似天生如此。女性化工作妆时略施粉黛、淡扫娥眉、轻点红唇,恰到好处地强化可以充分展现女性光彩与魅力的面颊、眉眼与唇部。

职场女性除了要化好工作妆外,还要做好日常的妆容护理,以使自己精神焕发,神采奕奕。

另外,化妆是很私密的事情,切不可在大庭广众之下进行。化妆时需要注意以下事项:

(1)化妆的浓、淡要视时间、场合而定。如果不分场合,肯定不会收到好的化妆效果,有时反而有妖冶之嫌,要尽量避免。

(2)不能在办公室内化妆。不要把化妆品放在办公桌上,更不能在公众面前修饰面部。有的女性为了方便修饰,将化妆镜放在桌上,给人以不安心工作之嫌。在许多单位里,一般都设有专门的化妆间,要补妆或是化妆一定要去化妆间或盥洗室。

(3)记住千万不要在男士面前化妆。需要梳头、磨指甲、涂口红和化妆时,或者用毛刷涂口红时,请到化妆室或盥洗室进行。在人前修容,是女性使男性最气恼的一个习惯。同样,在人前整理头发、衣服、照镜子等行为应该尽量节制。

④不要非议或探讨他人的化妆。除了有的行业规定女性工作时必须化妆外,化妆纯属个人喜好,不要乱加干涉。更不可随便指责和自己化妆风格不同的女性。女员工还要特别注意不可在工作岗位上与他人一起探讨化妆术,介绍自己化妆的心得,这种人,谁都会觉得她有些不务正业。

⑤不要借用他人的化妆品。有的女性看见朋友的唇膏颜色较好,想借用一下。除非有一次性的棉签,否则不要试用。

⑥不可让自己残妆示人。特别是要求化妆的职业女性,一定要随时注意保持妆面的完整,要是妆面一时深浅不一、残缺不堪,必然会给他人造成十分不好的印象,还会使自己在他人眼中显得做事缺乏条理、为人懒

惰、邋里邋遢。所以，白领丽人必须努力克服这种现象。对于用唇膏、眼影、腮红、指甲化妆品所化过的妆面，尤其要“常备不懈”，时常检查。用餐之后、饮水之后、休息之后、出汗之后、沐浴之后，一定要及时地为自己补妆。乱红残妆不仅煞风也是最失礼的行为，一定要注意。

那要怎样才能化一个规范的职业淡妆呢？首先当然要了解自己皮肤的特点。大多数人在选择粉底时都会选择浅色系，但是如果肤色偏暗，就会很不自然，让人看出你化了妆。所以粉底的选择适合自己很重要。

(1)粉底。粉底液的选择应和肌肤颜色一致或稍深。用湿润的海绵从内向外涂抹，T 区涂得要稍薄一些。

(2)遮瑕膏涂抹于黑眼圈位置，并在眼窝及内眼角使用粉色眼影。

(3)散粉。薄薄的散粉对于细节部位也很重要。在鼻翼两侧、眼睛等细节部位涂上散粉，然后再涂整个面部，最后需要用散粉刷去除多余的粉。

(4)亮粉。亮粉要选择棕色系，这样看上去比较容易取得和谐效果，自然地突出骨骼立体轮廓。

(5)取用适量膏状腮红，在脸颊打圈揉搓。

(6)彩妆中粉色调是适用度最高的。

(7)注意修复唇纹，唇蜜须用浅色系。

除开妆要淡雅外，香水的使用更要注意香味的清淡和使用量，职场最不适合浓郁的香水味道，所以使用香水也很讲究的。

香水起源于法国，在使用中有很多讲究，比如：你所选用的香水是否适合你的个性与气质，是否适合你出席的场合，是否适合你的职业、工作特性及年龄，是否可以配合你的服装和饰品的品位；香水气味的浓淡程度是否符合季节、天气的变化，是否遵循了国际通用的基本用香礼仪，等等。如果不能正确掌握这些知识，那么你就不能适度地使香水发挥增加你自身魅力的作用。

要贴身接触：香水只有贴身接触皮肤才能使香味散发达到最好的效果。

要做到量少处多：在身体的多处，比如耳后、手腕、腋下、腰部等多处均匀而淡薄地喷洒香水才能使香气环绕全身，带给他人似有若无的朦胧美感，使香水发挥最大的魅力。

要喷于敏感、脉搏跳动明显的部位：脉动明显、血液循环较快的身体部位，喷洒上香水之后，可以使香水的气味散发得更加尽如人意。

要沐浴后使用：沐浴后将香水喷洒在身上，香气随着身体湿气一起挥发，可以使香水的香味释放得更完全、更迷人。

要巧妙地喷洒：若想为自己制造出似有似无的浪漫香气，可将香水先喷于空气中，再在香气中走过，这样香水可以像雾一般均匀地落于身上，身体的每一个部位都能沾到香水，同时又沾到得很少，可以达到目的。

不要在易出汗、汗腺发达的部位喷洒：香水容易和汗水混合，形成令人难以接受的怪味，所以这些部位不宜喷洒香水。

不要一次喷得过多：少量多次喷洒的效果最佳。

不要反复摩擦：喷上香水后如果反复摩擦，会破坏香水的分子，从而使香味难以持久。

不要喷洒在暴露的部位：如果将香水涂抹在诸如面部、颈部等暴露的部位，其纯正气味容易在阳光和温度的影响下发生改变。

不要与不同香型系列的化妆品混合使用：在使用香水的时候，不要使用味道浓烈的芳香型化妆品，否则容易使两种或者几种香味发生冲突。

使用香水除了要考虑香型和场合外，还要考虑季节和天气变化对香味散发的影响，在使用量、香型选择上做相应的调整和变化。

春季是多风、气候较干燥的季节，香水的气味会很快在空气中挥发掉，所以喷洒香水时，应该用少量多喷，并且香水的味道应以幽雅清淡香为主。

夏季往往是人们用香的旺季。但是夏天很多地方气候炎热，空气潮湿，人体爱出汗，易产生异味，人也比较容易烦躁。所以这个季节，选择香水时要选用气味清淡爽朗、挥发性较高、能提神醒脑的植物香或者天然草木清香型的香水，比如古龙香水。

秋季，天高云淡，各种果实、花、树的香味充斥于空气之中，人对香味的感受性不是特别敏感。这个季节可以选择使用味道较浓的香水，比如植物香、清甜果香、乙醛花香型的香水等皆可。

冬季是万物凋零的季节。宜选择使用香味浓烈的香水，这样可以减轻人的寒冷感，比如选择香气浓郁一点的花香型的香水，可以让人有温暖热烈的感觉。

9 职场着装的禁忌

禁忌一：服装搭配杂乱、颜色过艳

在职业场合，切勿乱穿，通俗地说就是忌全身上下不配套。在重要场合一定要注意，穿套装、套裙时要穿制式皮鞋。制式皮鞋，男的是指系带的黑皮鞋，女的指的是黑色的高跟或半高跟的船型皮鞋。如果男士穿西装配双布鞋，你肯定知道如此搭配是不当的。我们不能图舒服就随便穿衣。个别女士穿着高档的套裙却光脚丫子穿了双露脚趾的凉鞋。这肯定也不合适。另外穿休闲皮鞋配白袜子也是不得体的装束。白袜子是为户外工作而设的，不是用来搭配休闲皮鞋的。

制服也好，套装也好，都需要遵守三色原则。就是全身颜色不多于三种。男女的制服、套装都要遵守这个规则，不能过分鲜艳。图案也要注意。重要场合所穿的套装制服应当尽量没有图案，或者是带有规范的几何图案，不能过分花哨。比如，条纹的领带就是规范的几何图案。

禁忌之二：装着暴露或透视

职业装在款式上要既利于工作，时尚、新颖，但也不能过于暴露。不能穿露脐装、露背装、低胸装、露肩装。职业装要四不露，即不露胸、不露肩、不露腰、不露背，否则一弯腰就走光了。

职业装即使极为色浅单薄，也绝对不应当是透明的。如果在上班时所穿的职业装成了变相的“透视装”，令本属于着装者“绝对隐私”的背心、胸罩、内裤、腹带、衬裙等等，若隐若现，甚至赫然在目，犹如特意进行“公开陈列”一般，不但有碍观瞻，而且也会使着装者失于自尊自爱。

禁忌之三：服装短小、过于紧身

商务职业装，最好是要合身。有些职业装因为工作的需要，允许相对宽松肥大一点。但是，不应使之过分短小。不然，既显得小气，又会给人以不文明之感。在一般情况下，职业装之中的上装不宜短于腰部，否则会露出裤腰、裙腰甚至肚皮，成了改头换面的“露脐装”。裤装式的职业装，一般不宜为短裤式样。裙装式的职业装，则裙摆大都应长于膝盖。这样规定，对着装者其实也是一种保护，使之既工作安全，又减少被他人骚扰的机会。

穿得过分紧身，容易出现此类情况：扣子绷了、开线了、出现赘肉等。相信谁都不想出现此类尴尬的事情。再者说，工作时，要展示的是爱岗敬业的精神，训练有素的态度，而不是优美的线条。在工作之中，没有必要向外人炫耀自己的身材。故此意在显示自己线条的紧身装不宜穿着。

禁忌之四：服装脏破

职业装该洗就洗，该换就换，该淘汰就淘汰，宁可不穿也不能穿破衣服。穿着沾有早餐、午餐或是晚餐的衬衫也是很不雅观的。假如这些状况出现在你身上，马上去买一件新的，或找一件干净的更换。最好能在你办公室里经常准备另外一件衬衫来应急。鞋子过于残旧也是不行的。当你穿的是一套西装的时候，穿残旧鞋子是一个大忌。

禁忌之五：领带太长或太短

领带的长度最好在56英寸左右。如果是一位比较高个的男士，60英寸也就差不多了。同时，领带应该注意要与你的皮带扣相配。

禁忌之六：裤腰束得太高或太低

高腰裤也许是女士们的时尚，但它绝对不适合男士。男士裤子的最佳位置应该落在盆骨上的位置。

禁忌之七：纯白的西装套装随便穿

除非你体态骄人，风度翩翩，有从容驾驭这类抢眼打扮的自信，否则不能随意穿着纯白西装。在众多正式场合，人们都穿着深色服饰以示沉稳，纯白的醒目刺眼会显得滑稽和尴尬。当然，在婚礼上或运动场合，全身白色的打扮依然是得体和帅气的。

禁忌之八:口袋中放置过多的物品

我们常见男士胸前口袋中放着烟甚至笔和笔记本,胀得鼓鼓的,却又系着领带,这种打扮注定是一辈子小职员的命运,上衣口袋以及西裤的口袋尽量少放物品,才显得干净利落、风度翩翩。

禁忌之九:颜色和质料过度年轻化

成功男士的打扮不能盲目追求潮流。目前一些花哨的颜色和廉价的化纤料子又流行起来,偶尔在休闲场合穿着无妨。在办公场合,不妨穿清一色的正式服装,质料贵重些,式样甚至老道些也会给人沉稳干练之感。过分年轻化,只会减损你的威信。

禁忌之十:饰品繁多

高档的整体衣饰搭配才可配少许的饰品,过多的饰品如同调料过多给人难以下咽的感觉,难以入眼。如果穿着朴实,最好不戴饰品,就连皮包也应选与衣饰相配的品种,比如一种尼龙编织的轻便式,可与普通衣着匹配。

第五章

好礼仪赢得好人缘

有“礼”走遍天下，无“礼”寸步难行。不管是职场、官场还是生意场、交际场，礼仪都是拥有好人缘的“金钥匙”。良好的礼仪对于建立和谐的人际关系、工作的进展、事业的成功都有着至关重要的作用。行走职场，一定不能忘了礼仪！

1 职场礼仪至关重要

有礼走遍天下，无礼寸步难行。只有礼仪周全、行为得体才能广受欢迎。相反，一个行为不当、举止失礼的人，肯定难以有大的成功。因为没有人会欢迎这样的人，欣赏这样的人，帮助这样的人。

一位公司的财务总监刘女士讲了这样一件事：

我们公司的场地构造有点特殊，进门的玄关旁边有一个座位，因为我是财务，不用和他们项目组的同事坐在一起，所以玄关旁边的位子就是我的座位。我们前几个月新来了一个大学毕业生，每次进门首先看见我，招呼不打一声头也不点一个不说，还直瞪瞪看了我一眼就走进去了，我怀疑她可能以为我只是相当于前台的阿姨，所以如此不屑。

后来过了几天，大概她终于搞清楚我并非什么接接电话、收收快递的阿姨，而是掌管她每个月工资的“财政大臣”，猛地一天就殷勤起来，一进门“刘老师”叫得响亮。可是，我心里的感受却不一样了，即使她现在对我再怎么尊敬，毕竟是有原因的，我对她也生不出什么好感来。我就很纳闷怎么一个堂堂大学生刚进社会就学会了势利？如果我真的是前台阿姨，是不是她这辈子都不打算跟我打招呼？

新人刚进职场，礼貌很关键，人际关系一定要妥善处理，不能以貌取人或者想当然，要记得地位低下的员工同样也是前辈或者长辈，哪怕是打扫卫生的阿姨，如果正好清理到自己的纸篓什么的，不忘记说一声“谢谢”，就会平添自己很多的亲和力和人缘。刚刚毕业的大学生真的是要好好树立自己在公司的第一印象，这可不是闹着玩的。

“一个人的礼貌就是一面照出他的肖像的镜子。”礼貌是人类和谐相处的金钥匙。彬彬有礼的淑女或绅士，会让周围的人觉得愉悦、舒服与温暖，也更容易赢得对方的喜爱和帮助。不讲礼貌或是不懂礼貌的人，是很难获得好人缘的。即使有人和你交往了一次，也不会再有下次了。

有个礼仪专家在他的书中提到了一件事：有一次，他和他太太要去看一场很重要的演出。但是很不巧，家里突然来了一个朋友。那个朋友对他说，自己没有什么事，只是过来找他聊聊天。

聊了好一会儿，这位礼仪专家感觉这样下去看演出可能会迟到了，看了一下手表，心里很着急，巴不得别人赶紧走。但那个人很不识趣，一直聊。两个人又聊了20多分钟。结果他太太呢，有点着急了，在屋子里走来走去，还不停地看表。这个时候，那个客人问，你们有事吗？

这个礼仪专家说：“没什么大事。”继续聊，但已经言不由衷，话不对题了。这个时候，这个客人才发觉有些不对劲了，于是起身告辞。

这个礼仪专家的太太等客人一走，就开始数落这个人的不是：不识相、不懂礼貌、不懂规矩，并严令丈夫以后不许再和这样无礼的朋友交往……

可见，懂礼仪、并把礼仪运用到实际的工作中至关重要，有时就会决定你的前途和未来。我们学习礼仪，其实就需要一种设身处地为别人着想的智慧，一种把事情做得圆满适度的“敏感”，说话、做事时多考虑对方的难处。就像给人递一把剪刀一样，你会怎么递过去？考虑周到的人都会把那个带刃的地方朝向自己或者他处，把带柄的部位留给对方。

什么是礼仪？其实就是一种最为得体和融洽的与人相处相交的行为规范。礼仪的含义主要有这样几层意思：其一，礼仪是一种行为准则或规范，表现为一定的章法。所谓“入乡随俗，入境问禁”，就是说要到某一个地方，就要先对那里人的习俗和行为规范有所了解，并按照这样的习俗和规范去行动，这才是有礼的。其二，礼仪规范是一定社会的人们约定俗成、共同认可的。在社会实践中，礼仪往往首先表现为一些不成文的规矩、习惯，逐渐形成大家认可的，可以用语言文字、动作来做准确描述和规定的行为准则，并成为人们有章可循、可以自觉学习和遵守的行为规范。其三，讲究礼仪的目的是实现社会交往中彼此间的互相尊重，从而达到人与人之间关系的和谐。在现代社会，礼仪可以有效地展现施礼者和受礼者的教养、风度与魅力，体现着一个人对他人和社会的认知水平、尊重程度，是一个人的学识、修养和价值的外在表现。就优秀职业女性而言，需要注意的是，只有在尊重他人的前提下，自己才会被他人尊重，在工作上与他人之间的和谐关系也只有在这种互相尊重的过程中才会逐步建立起来。

礼仪不是繁文缛节，不是阿谀奉承。礼仪不只是对人有礼貌，当然，也没有一些人想象得那么高深。礼仪是我们工作、生活中经常需要用到的一些交往技巧。礼貌是叫你要对人好，礼仪则是教你如何让对方感受到你的好。如果失礼的话，即使你真的想为对方好，对方也感受不到，反而会理解成一种相反的意思了。这显然对你是不利的。

一次跟一个朋友去吃饭，饭桌上有几位长辈，长辈主动跟这位朋友敬酒，他竟然只是淡淡的拿起酒杯晃了一下，说我们都随意吧。然后小抿一口，就放下，自顾自地说话和吃东西。偶尔主动站起来敬酒时，被敬酒的长辈站起来碰杯时，把自己的杯沿远远低于他的杯子时，他也直接接受，并无推让。

我很奇怪他桀骜的态度，于是问，你不喜欢向你敬酒的长辈吗？不是。你对他有意见吗？没有。最后他说，我就是那样子呀，当时不想喝太多。他不是诚心的，也不是为了表达某种情绪，不觉得他那样的做法有问题，觉得就是很正常的做法。而在我看来，这是没有教养和不懂礼仪的表现。

不是所有人有耐心这样去了解他的心理。但在饭桌上的其他人看来，这个年轻人的表现，实在是太没有礼貌了。

以后的事证实了我的这些想法。接下来的交谈中,几位长辈都不怎么搭理他了。

其实我们可以看到很多职场中因为失礼而失去好的机会的事例。比如收到别人的名片后随便放,却没留意到对方的脸已经悄悄拉长了;像给领导敬酒时把酒杯举得比对方还高;和同事们打交道,他们也可能因为不懂礼仪而无形中得罪了人,比如代人接听电话,无意中知道他正准备跳槽却不保守秘密……这样的员工,无疑会在实际工作中吃好多的亏。其实在他本人而言,是无意的,结果呢,却要为这种无意之中的失礼付出重大的代价。

现在的年轻人特别讲究个性,但这种个性在职场上一定要记得收敛一些,这不仅有利于自己的成熟,也是对公司同事和领导的礼貌和尊重。比如公司里有个新来的男生,他戴一个耳钉,头发染黄,一小撮一小撮的。每次一进来都会令大家眼前一惊,牛仔裤上剪几个大洞,电脑包斜挎在身上,走起路来松松垮垮。做事明显带有自我标签,而且喜欢跟潮流。主任为此特地跟他谈过,他说穿西装穿得太死板了,没有年轻人的感觉。主任说,那你这样的打扮会让谁信任你呢?

还有几个新人也是一点不懂基本的礼貌。进门自己先进、出门自己先出,主管、同事走到他身边说事情,作为新人第一时间要站起来,这些都是很基本的礼仪,但他们自在随意得很,领导和他说话,他往靠垫上一靠,二郎腿一翘,很没有教养。看见领导和上司了也从来不打招呼,不理人。

有次和几位企业高管聊到这个话题时,有个部门总监深有感慨地说:“现在的职员真是很不懂礼貌,看到领导时从不打招呼,笑一笑就走过去了。”

旁边马上有人“纠正”她说:“哪里有笑?很多人是笑都不笑就过去了!”

旁边又有人说:“应当让他们‘回炉’深造,学学礼貌后再回来,这样不懂事的人,重用是不可能的。”

那些一心一意想做出一番事业的职员，听到领导对他们如此评价，不知会作何感想？

千万别以为礼仪事小，不关大局，很多时候你的前途和未来就决定于你的一个小小的行为，甚至一个小小的动作。所以，一定要注意自己的形象和礼貌，做个有礼有节的现代职场人，了解、掌握并恰当地应用职场礼仪。这不仅有助于完善和维护你的职业形象，更会使你在工作中左右逢源，使你的事业蒸蒸日上，做一个成功职业人。

成功的职业生涯并不意味着你要才华横溢，更重要的是在工作中你要有一定的职场技巧，用一种恰当合理的方式与人沟通和交流，这样你才能在职场中赢得别人的尊重，才能在职场中获胜。

职场是一个讲“礼”的环境里，如果你不讲“礼”，简直就是寸步难行，被人唾弃。“礼多人不怪”，这是古老的中国格言，“无礼寸步难行”，没有礼貌，就算你才高八斗，也难以在职场立足。所以，在职场，千万不能随便，不是想干什么就可以干什么的，任何时候都要礼仪周全，才能任何时候都顺风顺水。

2 介绍的礼仪

为他人做介绍时必须遵守“尊者优先了解情况”的规则，在为他人做介绍前，先要确定双方地位的尊卑，然后先介绍位卑者，后介绍尊者。公认介绍的基本规则如下：

先将男士介绍给女士。例如，介绍李先生与王小姐认识，介绍人应当引导李先生到王小姐面前，然后说：“王小姐，我来给你介绍一下，这位是李先生。”注意在介绍的过程中，被介绍者的名字总是在后面。

先将年轻者介绍给年长者。把年轻者引见给年长者，以示对前辈、长者的尊敬。比如："周教授，让我来介绍一下，这位是我的同学刘芳。""李阿姨，这是我的表妹艳红。""张伯伯，我请您认识一下我的朋友张大民。"在介绍中，应注意有时虽然男士年龄较大，但仍然是先将男士介绍给女士。

先将职位低的介绍给职位高的。在实业界或公司中，在商务场合要先将职位低的介绍给职位高的。比如："王总，这位是××公司的总经理助理刘女士。"注意，这里我们先提到的是王总经理，这是因为我们把王总经理的职位看作高于刘女士，尽管王总经理是一位男士，仍不先介绍他。

先将未婚女子介绍给已婚女子。比如："郑太太，让我来介绍一下，这位是李小姐。"注意当被介绍者，无法辨别其是已婚还是未婚时，则不存在先介绍谁的问题，可随意介绍，如："张女士，我可以把我的女朋友杨小姐介绍给你吗？"

先将家庭成员介绍给对方。在向别人介绍自己的家庭成员时，应说出对方的名字。这不仅是出于礼貌，而且对介绍自己的家庭成员也比较方便。比如："张先生，我想请你认识一下我的女儿晓芳。""张先生，请允许我介绍一下我的妻子。"

自我介绍所用的时间不宜过长，一般半分钟左右，如无特殊情况最好不要长于一分钟。在初次见面作自我介绍时，指望交往对象仅凭自己的自我介绍，就对自己"一目了然"，是不现实的。在自我介绍时，东拉西扯，借题发挥，信口开河，滔滔不绝，对自己而言是失态，对对方而言是失敬，都是出力不讨好的。为了节省时间，在作自我介绍时，还可利用名片、介绍信加以辅助。若使用了名片时，则其上所列有的内容应尽量不予重复。

当你被介绍时，不管你正在想什么或做什么，应该微笑着走上前去，目视对方，同时伸出你的手，与对方热情、友好地握手。不要让人感到你对被介绍的人不在意，不要冷冰冰的样子，那样会让人感到你的傲慢、不懂礼貌。

3 握手、寒暄和递名片的礼仪

一、握手礼仪

握手是基本的见面礼节，但把握不好也会失礼的。

首先，握手必须要有正确的姿势。行握手礼时，上身应稍稍往前倾，两足立正，伸出右手，距离受礼者约一步；四指并拢，拇指张开，向受礼者握手，礼毕后松开。距离受礼者太远或太近都是不雅观的，尤其不要将对方的手拉近自己的身体区域，握手时必须上下摆，而不能左右摇。当遇到很熟的人时，因为情感的原因，可以伸双手相握。用左手是不礼貌的。

其次，握手的力量、姿势与时间的长短往往够表现握手人对对方的不同礼节与态度，显露自己的个性，给人留下不同印象，也可通过握手了解对方的个性。

女士之间行握手礼时，只要服从一般规范即可，握手时间及握手的力度都比较随便，但是与男士握手，或者与长者、贵宾握手，则要遵从特定的礼仪规范。

交际时如果人数较多，可以只跟相近的几个人握手，向其他人点头示意，或微微鞠躬就行。注意在与多人同时握手时，应遵从一定的顺序，不可几个人竞相交叉握手。

二、寒暄礼仪

寒暄其实就是打招呼、问候一下。但是千万别以为就这么简单，其实里面也是有学问的。说得不好就会适得其反，说了还不如不说的好。

有次去办理税务注销的业务。人太多，就排着队等。后面等着的男子主动和我打招呼：

“您也是来办事的?”

“是呀,人真多。”

“您来办什么呀?”男子很热情。

“来办理税务注销。”

“哦,注销啊,倒挺少碰到办这个业务的,大多数人都是办申请税务登记证或者是像我一样购买发票什么的。您说,这就跟婚姻登记处一样,办结婚的人多,办离婚的人少……”

我很诧异地盯着他,他的脸上顿时也出现了尴尬的神色,他是顺嘴说出这句话,可我听着十分不舒服。我当时就想:有这么跟人说话的吗? 还对一女士? 我办注销跟离婚结婚能相提并论吗? 幸好我没办过离婚且婚姻幸福,要不然多添堵啊,素昧平生,倒被人戳了痛处。

他马上表示出歉意的表情,但不知如何开口,脸色很难看。谈话是没法进行了。我掏出手机假装发短信,不再看他,以免他不自在。他也站起来边往外走边说:“抽根烟去。”

可见,寒暄是需要掌握一些技巧的,若做得不妥当反而会适得其反。

寒暄时态度要真诚,语言要得体。客套话要运用得妥帖、自然、真诚,言必由衷,为彼此的交谈奠定融洽的气氛。要避免粗言俗语和过头的恭维话。如“久闻大名,如雷贯耳”、“今日得见,三生有幸”,就显得不自然。

要看对象,对不同的人应使用不同的寒暄语。在交际场合,男女有别,长幼有序,彼此熟悉的程度不同,寒暄时的口吻、用语、话题也应有所不同。一般来说,上级和下级、长者和晚辈间交往,如前者为主人,则最好能使对方感到主人平易近人;如后者为主人,则最好能使对方感到主人对自己的尊敬和仰慕。寒暄用语还要恰如其分。如中国人过去见面,喜欢用“你又发福了”作为恭维话,现在人们都想方设法减肥,再用它作为恭维话恐怕就不合适了。西方小姐在听到人家赞美她“你真是太美了”,“看上去真迷人”,她会很兴奋,并会很礼貌地以“谢谢”作答。倘若在中国小姐面前讲这样的话就应特别谨慎，弄不好会引起误会。

要看场合，在不同的地方使用不同的寒暄语。拜访人家时要表现出谦和，不妨说一句“打扰您了”。接待来访时应表现出热情，不妨说一句“欢迎”。庄重场合要注意分寸，一般场合则可以随便些。有的人不分场合，甚至在厕所见面问别人：“吃过没有？”这使人啼笑皆非。当然，也有适合较广的问候语和答谢语，如“您好”“谢谢”这类词，可在较大范围，也可在各色人物之间使用。

要选择一个恰当的时机，不是什么时候开始寒暄都可以，至少要看对方是否空闲、目光是否能够交会、是否不会打扰对方。比如电梯里碰见同事，按理说应该寒暄两句，但如果对方正在低头发短信，就不必打扰他了，简单问候一下就可以了。当这些条件都符合时，你要问一下自己是否做好了准备，别张开嘴又不知说什么才好或者说错了造成失礼。

三、接、送名片的礼仪

向对方递名片时，应面带微笑，注视对方，将名片正面对着对方，用双手的拇指和食指分别持握名片上端的两角送给对方。如果是坐着的，应当起立或欠身递送，递送时说一些：“我叫 X X，这是我的名片，请笑纳”、“我的名片，请你收下”、“这是我的名片，以后请多关照”之类的客套话。

许多人不太重视接名片。对方递名片时，他却忙着拿烟倒水，一个劲地招呼对方：“请坐，请坐。”对方递给名片来，他匆匆看过一眼后，就把它往桌子上一扔，或随手往口袋里一塞，然后又急着忙别的。这样，虽然他对对方很热情，但对方看到他这样对待自己的名片不是滋味。

接收他人递过来的名片时，应尽快起身，面带微笑，用双手拇指和食指接住名片下方的两角，并说“谢谢”、“能得到您的名片，深感荣幸”等等。名片接到后不能随便乱放。如果是初次见面，最好是将名片上的重要内容轻声读出来。

交换名片的顺序一般是“先客后主，先低后高”。即地位低的先把名片给地位高的，年轻的先把名片交给年老的，客人先把名片交给主人。不过，假如对方先拿出来，自己也不必谦让，应该大方收下，然后再拿出自己的名片。与多人交换名片时，应依照职位高低的顺序，或是由近及远，依次进行，切勿跃式地进行，以免对方产生厚此薄彼的误会。

名片最好放在专门收藏名片的皮夹、名片盒或名片夹里存放。把名片放在钱包和月票夹内的做法都是应当避免的，因为自己在递出名片时还要把这些西拿出来亮相一番，这很不雅观而且不妥，而把别人的名片乱塞乱掖同样不敬。名片和收放名片的夹子，应避免放在臀部后面的口袋内，名片是个人代表，对它应像对待主人一样尊重和爱惜。

4　电话、邮件和短信礼仪

一、电话礼仪

员工或客户通常是用打电话的方式与他人进行最初的联系的，因此一个人的电话礼仪往往决定着他人对通话对象所在公司和部门的第一印象。规范的电话礼仪既体现了个人谦和有礼的作风，又反映出单位的高效率和现代管理。

(1)“铃声不过三”原则。铃响后马上拿起电话，会让对方感到唐突；超过三声则是缺乏效率的表现，同时让对方不耐烦、产生焦急情绪。因此，电话铃声响过两声之后接听电话，是一个最为合适恰当的时机。如电话确实不在身边或走不开造成不能及时接听，应在拿起电话后先向对方表示歉意，如“很抱歉，让你久等了”。

规范电话用语：接听电话，首先应自报家门。对外接听要报出单位名称，内部接听要报出部门名称，如“您好，这里是某某公司”。自报家门既是对对方的尊重，使对方确认拨打是否正确；也能给自己带来方便，不会因为打错电话而多费口舌。此外就是“您好”“对不起”“谢谢您”要常挂嘴边。

(2) 注意通话语气。电话是非直面的沟通形式，因此听者不仅关心内容，同时也会注意你与他(她)通话的语气。在工作电话中，尽量采用积极主动的语气，声调应是愉快的，语速应是较慢的，拥有能让对方产生共鸣的热心。理想的效果是听音如见其人，听者如沐春风，且不能显得矫揉造作。

(3)“后挂电话”原则。当对方与你说再见的时候，也要热情回答再见，并且为表达尊重，要等对方挂断电话后再进行挂机，且挂机过程中小心轻放，切不可将话筒作出气筒，这将是极不礼貌的表现。

复诵重要事项:通话过程中，复诵重要事项和电话号码，是核实结果、减少偏差必不可少的一个步骤。通过复诵，可以使电话内容得到非常准确的传达，使得相关人员能够按照指令实施工作计划，避免因为信息传达偏差而导致误会甚至冲突。

(4)左手持听筒。很多电话礼仪只注重了通话方面的注重事项，却忽略了电话接听的姿势。大多数人习惯用右手拿起电话听筒，但是，在与客户进行电话沟通过程中往往需要做必要的文字记录。在写字的时候一般会将话筒夹在肩膀上面，这样，电话很容易夹不住而掉下来发出刺耳的声音，从而给客户带来不适。为了消除这种现象，合适的姿势是用左手拿听筒，右手写字或操纵电脑，这样就可以轻松自如地达到与客户沟通的目的。除了拿听筒的方法以外，还要求通话者保持端坐的姿势，尤其不要趴在桌面边缘。端坐的姿势最有利于声音自然、流畅和动听。

(5)善用礼貌用语。礼貌的用词会比你好听的声音更容易亲近和信任。所以，接打电话时，不要忘记礼貌用语。

①接电话时。如果电话接听及时，拿起电话时就应该首先说“您好”，表示最基本的问候;如果电话铃响了超过 3 遍之后才接听，拿起电话时就应向对方说“对不起，让您久等了”等话语，表示接听不及时的歉意。

②交谈时。当对方开始讲话时，一定要配合对方的讲话，表示在认真听取之意。这时，应根据具体的谈话内容，恰到好处的回应，如答复“是，是”、“好，好的”、“对，您说的对”、“恩，我明白”或“我都记下来了，您放

心”等话语。同时，如果有事需打扰一下，应向对方表明“请您稍等片刻”，或者“不好意思，我等一下给您打过去”等话语，切忌生硬中断对话。

③挂电话时。在交谈结束之际，也不能忽视礼貌用语，应跟对方说“谢谢您的来电，改日我一定登门拜访”、“放心，我一定照办”、“再见，祝您周末愉快”、“好的，拜拜”等话语。接电话时使用礼貌用语的女性，会给人一种非常专业，并且很干练的感觉，同时让对方感觉非常舒服。

结束通话时，要礼貌地道别，别忘了向对方道一声“再见”，或是“晚安”。而且要等对方先放下电话，而不要先把电话挂掉。按照惯例，电话应由拨电话者先挂断。挂断电话时，应当双手轻放，不要重重地放下，否则让人感觉很不礼貌。

在通话时，接电话的一方不宜率先提出中止通话的要求。万一自己有特殊情况不宜长谈，或另有其他电话打进来，需要中止通话时，应说明原因，并告之对方回复电话的时间，免得让对方觉得不受尊重。如遇上不识相的人打起电话没完没了，应当说得委婉、含蓄，不要让对方难堪。

二、往来邮件礼仪

邮件是近年来企业内外频繁使用的沟通手段，在某些企业邮件已经具备文件效应。因此掌握邮件礼仪，便成为当代白领尤其要注意的领域。

(1)关于邮件主题。首先是不能允许空白主题，这是一种最失礼的方式。其次，最好注明是来自于某某公司或部门的邮件，便于收件者保存和整理。再次，主题切忌含糊不清，不要用混乱无实际意义的主题。最后是回复对方邮件时主题可根据内容进行修改，而不是一堆的“Re……”

正确使用发送、抄送、密送：在邮件用语里，发送、抄送、密送分别用To，CC和BCC代指。To后面的对象，是指要受理这封邮件的主要对象，理应对邮件予以回复响应。CC的人是只需要知道了解该邮件内容，回复与否可自行决定。BCC所谓的密送是指收件人并不知道还发给了谁，该功能可能用于非常规场合。需要注意的是，发送和抄送的对象的排序最好遵循一定的顺序，比如按部门顺序或职务高低。适当的规则会给人以稳妥知礼的印象。

(2)主动控制邮件的往来。为避免无谓的回复，浪费资源，可在文中指定收件人或哪些收件人给予回复。或在文后注明，“仅供参考，无须回复”等。

(3)关于邮件正文。E-mail 邮件在行文上应该具备商务公函的要素，简明扼要、条理清晰等在此不做阐述。尤其要注意的是，切忌在公务邮件中使用网络语言及“:)”等符号，这将给人轻佻的印象。

结尾签名：每封邮件的结尾都应该进行签名。签名档可包括姓名、公司、部门、职务、电话、传真、地址等信息，但不宜行数过多，以 4 行为限。签名档字体要与正文匹配，注意简体、繁体、英文等，签名档字号应比正文字号略小。

电子邮件是一种快捷便利的使用工具，但要使用过程中也要小心“触雷”。因为电子邮件使用不当发生一些不必要的麻烦事的事也并不少见。我们在 E-mail 沟通交流中要注意以下几个方面：

(1)不要随便“回复所有人”

深圳某外企职员小丽，曾接手了一个比较挑剔的客户。很长时间内，就价格问题一直没能达成共识。在反复沟通 20 封邮件后，对方误发了一封要函给小丽。要函上记录了双方公司的报价详细经过，包括各级老板的回复意见、买方预期的价格及应对卖方的措施方案。由于事先掌握了对方的资料，使得小丽的谈判进行得非常顺利。待谈判完成后，小丽仔细研究了这封“要函”的来由。原来发送邮件的职工在疏忽之下，将本该转成至公司内部的文件，发送成了“回复所有人”，这才让小丽了解到对方的详情。

类似的情况在日常发送邮件时会经常遇到。在回复邮件时，为了节省时间，通常都会直接回复。以至于邮件的题目中会出现一长串的“RE:RE:RE……”。如果不仔细查阅，很容易将其误发。案例中小丽一直与买方沟通，在收件人经常联系的名单之列。所以，发件人错误地将其当成内部人员,以致公司要函外泄。

这件事情告诉我们,电子邮箱应经常清理归类。将不同的人员邮箱分好类别。切不可为图省事,盲目使用“回复所有人”这一快捷方式。

(2)邮件不要随意转发

陈楠是一家外企公司的项目经理。在工作汇报时,为图省事经常将邮件直接转发给老板。一次,陈楠像以往一样将邮件转发,不一会儿,老板将陈楠叫进了办公室。原来老板通过邮件中的符号,判断出陈楠图省事直接将公文转发,为此严肃批评了他。

一般情况下,转发的字是灰色的,并且前面会出现“＞”的符号。

在精明细致的老板面前,不要试图说谎偷懒,尽可能按照要求去做,千万不能为图一时省事,放松了对自己的要求。

(3)沟通事情,应使用邮件

装修公司小赵还是新人时,接手了一项工程。对方公司委托他发的一批货无法申报,小赵将这一情况用电话方式向对方告知说明,并声明如在固定时间内不能将货物的材料备齐,耽误了工作进程由对方承担一切责任。

起初对方答应马上准备材料,可一直到指定时间过去,对方却依然没有动静。再三催促下,对方依然只是推脱。最后,因为货物无法申报,对方老板投诉小赵工作不利。虽然,小赵将事情的前因后果向老板做了反映,但因没有凭证,损失只能由公司承担。

事后老板告诉他,对于这类客户,只打电话是行不通的。应该事先给对方发送 E—mail 告知,并将内容再发送至其主要负责人,以防对方推脱责任。

这件事情告诉我们,工作上应时刻留有“后手”。做任何事情,都应有

“迹”可寻，以避免因对方的无理抵赖，而造成己方损失。

(4)邮件管理应事先设置“敏感词汇”

某单位一名员工因对工作不满，在跳槽前向所有公司同事及客户群发了一封“控诉信”。信中除了对公司内部关键人物的投诉之外，还列举了公司内部存在的种种管理漏洞。

此举令公司的信誉严重受损。虽然该名员工受到了严惩，但对单位所造成的负面影响极其恶劣。事后，该单位领导购买了一套全新的管理系统。任何从公司发出的邮件，一旦出现“状况”，系统会自动警报，并阻止发送。

这件事情说明，如有一定的基础，应选购完善的管理系统，设置“敏感词汇”，以防止类似有损声誉的事情发生。

所以，在日常使用电子邮件时，应特别小心谨慎。因为你的一些不经意的举动，很可能通过邮件传达给领导。尤其是在工作之中，一定要认真仔细地处理每一封邮件，切不可贪图省事，以免造成不良的影响后果。

三、手机短信礼仪

近些年随着短信的广泛使用，短信也成为公务沟通的重要形式，其频率甚至超过邮件。有礼仪专家指出，由于短信是新生事物，目前还没有形成完善的“短信礼仪”，但一个应该遵循的文明原则是，自己的行为应该体现对对方的尊重和体贴。一是发短信一定要署名。公务短信署名是起码的礼节。较好方式是有头有尾，既有称谓也有署名，可以体现对对方的重视。二是就祝福短信来说，一来一往就够了，否则发来发去就成了繁文缛节。

比如老板安排的短信：

老板：小杜，明天上午我有事，10 点你去机场代我接客户张总；此外，你把A项目的总结报告给我看一下，署名：张总。

不规范回信1：知道了（张总火冒三丈，你知道啥了？不行，我得电话告诉你）。

不规范回信2：好的张总，这两件事我会去办，杜梅（张总：嗯，明天我得电话催一下小杜）。

标准回信：尊敬的张总，来信获悉。明天9:30我会抵达机场迎接张总，并转达您的问候，并备好张总最喜欢的碧螺春，接到后我短信通知您；A项目的总结报告我已备好，明天8:30我先到公司，放到你的办公桌上，再去机场。近期您出差较多，请注意休息，有事请随时吩咐，杜梅（张总：嗯，小杜办事牢靠，我放心）。

寥寥数十字，高低立判。这也体现了职场礼仪不仅是规矩的遵循、分寸的把握，也是情商的结晶。

5 商务洽谈礼仪

在洽谈会上，应当特别重视礼仪性很强的座次问题。举行双边洽谈时，应使用长桌或椭圆形桌子，宾主应分坐于桌子两侧。若桌子横放，则面对正门的一方为上，应属于客方，背对正门的一方为下，应属于主方。若桌子竖放，则应以进门方向为准，右侧为上，属于客方；左侧为下，属于主方。

在进行洽谈时，各方的洽谈人员应在自己一方居中而坐。其余人员则应遵循右高左低的原则，依照职位的高低自近而远地分别在主谈人员的两侧就座。假如需要译员，则应安排其就座于主谈人员之右。

若是举行多边洽谈时，为了避免失礼，按照国际惯例，一般以圆桌来举行“圆桌会议”。这样一来，尊卑的界限就被冲淡了。

在洽谈会中，面带微笑、态度友好、语言文明礼貌、举止彬彬有礼，有助于消除对手的反感、漠视和抵触心理。在商务洽谈中，对于诸如以弱为强、制造竞争、火上浇油、出奇制胜、利用时限、声东击西等策略，任何行家高手都不会不清楚，但是至为关键的“活学活用”则需要平时多加积累经验。

6 公务接待礼仪

1. 确定接待规格

迎送的规格应根据应邀中客人的身份、到来的目的、性质和时间，长短等综合因素考虑。外事迎送遵循对等的原则。在公务迎送中，一是要由级别相当的人员或组织出面迎送，如同事不能前往，同级人员代为迎送，并说明原因，表示歉意；二是要安排合乎规格的住宿，可根据因公出差食宿开支标准安排，不要过高，也不要过低；三是要安排好车辆和各种物品。

对远道而来的客人，须提前去机场、车站、码头等候客人，避免客人久等或迷路。

为帮助客人熟悉当地环境，可准备一些有关资料提供给客人查阅，如城市简介、交通图、浏览图等。

2. 欢迎与介绍

客人走下车、船、飞机时，主要迎接人员走上前去欢迎、握手、问候。如果有必要，可由乐队奏欢迎曲。

由礼宾工作人员将主人介绍给来宾，再由主人向来宾一一介绍前来人员。主人介绍后，由客人向主人一一介绍随同前来的其他客人，介绍后稍事寒暄。

3. 陪车

如果陪客人同乘一辆轿车，要首先为客人打开轿车的右侧后门，并以手掌挡住车篷上沿，提醒客人不要碰头。等客人坐好后，方可关门。最后，接待人员应绕道车尾从左侧后门上车。

轿车上的座次有主次尊卑讲究。一般认为，车上最尊贵的位置是后排与司座位成对角线的座位，即后排右座。其余座位的主次尊卑次序是：后排座、后排中座、前排右座。

抵达目的地时，接待人员要先下车，从车尾绕过去为客人打开车门，遮住车篷上框，协助其下车。

4. 下榻

客人到达下榻处后，接待人员不宜久留，以便客人休息。离开前，可以送上事先安排好的日程表，并征求客人意见。

5. 安排拜访与宴请

客人来访安顿好，主人应登门拜访。拜访的时间不应过长，因为这是礼节的拜访，问寒问暖，问问有什么困难等即应告辞。

6. 送客礼仪

来访结束以后，到了公务迎送的最后环节——送客。协助外地客人办好返程手续。应准确掌握客人离开本地的时间，以及所乘交通工具的意见，为其预订好车、船、机票，尽早通知客人，使其做好返程准备。可以为长途旅行的客人准备一些途中吃的食品。

在客人离开的当天或前一天为客人送行。临别前一天送行，应到客人住地热情、诚恳、有礼地对招待不周表示歉意，征求客人的意见，询问客人还有什么困难需要解决等等，然后道别。客人返程的当天送行，一般应送到车站、码头或机场，陪同客人候车、候船或候机，直到火车、轮船或飞机启动后再离开，如果自己不能前往，应向客人说明原因，表示歉意。

7 公务拜访的礼节

约好去拜访对方，无论是有求于人还是人求于己，都要从礼节上多多注意，不可失礼于人，而有损自己和单位的形象。

我们要注意的首要规则是准时。让别人无故干等无论如何都是严重失礼的事情。如果有紧急的事情，不得不晚，必须通知你要见的人。如果打不了电话，请别人为你打电话通知一下。如果遇到交通阻塞，应通知对方要晚一点儿到。如果是对方要晚点到，你将要先到，要充分利用剩余的时间。例如，坐在汽车里仔细想一想，整理一下文件，或问一问接待员是否可以在接待室里先休息一下。

当你到达时，告诉接待员或助理你的名字和约见的时间，递上你的名片以便助理能通知对方。冬天穿着外套的话，如果助理没有主动帮你脱下外套或告诉你外套可以放在哪里，你就要主动问一下。

在等待时要安静，不要通过谈话来消磨时间，这样会打扰别人工作。尽管你已经等了二十分钟，也不要不耐烦地总看手表，你可以问接待/助理约见者什么时候有时间。如果你等不及那个时间，可以向助理解释一下并另约一个时间。不管你对要见的人有多么不满，也一定要对接待助理有礼貌。

当你被引到约见者办公室时，如果是第一次见面，就要先做自我介绍，如果已经认识了，只要互相问候并握手就行了。

一般情况下对方都很忙，所以你要尽可能快地将谈话进入正题，而不要尽闲扯个不停。清楚直接地表达你要说的事情，不要讲无关紧要的事情。说完后，让对方发表意见，并要认真地听，不要辩解或不停地打断对方讲话。你有其他意见的话，可以在他讲完之后再说。

8　办公室里的礼仪

办公室是一个人员云集、良莠难分的小社会，办公室礼仪能让职员赢得大多数人的好感，尽快融入其中，营造良好的人际关系，使得职业生活愉快并且富于效率。办公室礼仪涵盖的范围其实不小，但凡电话、接待、会议、网络、公务、公关、沟通等都有各式各样的礼仪。一不小心，失却了礼数，就会让自己吃亏。

小琳是一个性格开朗、特别喜欢说话的女孩，在她的职场称呼里，从来没有“上司”和“同事”的概念，比她大又不至于太老的男士一律叫“哥”，女士则不分年龄一律叫“姐”。

她总是抱着文件夹一会儿飘到这个哥哥面前，笑靥如花地汇报工作；一会儿拐到那个姐姐面前，大谈最近的流行趋势。

上司虽不情愿，但还是默许了做她的“哥哥”。从此，每次走到她身边，总能听到她的唠叨：“我给爸爸打电话了，让他近期来帮我看房子。”“合租的室友真难相处，一个西瓜都这么在意。”

上司觉得这不过是小女生没长大还不成熟而已，可小琳在工作中的撒娇和不认真却是让他最头疼的。才来没几个月，小琳就已经犯过不少大错小错，前几天她又犯了一个让上司几乎想炒了她的重大错误。

那天，上司约好到另外一家公司谈一个重大项目。前一天，他千叮咛万嘱咐小琳一定要准备好项目材料，打印成六份，谈判时要人手一份，小琳也一口保证：“哥，这点小事儿，你还不相信我？”

第二天，谈判如约进行，小琳准备的材料却出了大问题——本来45页的材料，到了现场却只有20页！这么重要的场合，居然出这么大的纰漏！谈判自然也进行得很不顺利。回到办公室，上司火冒三丈，将材料摔到小琳面前："你是怎么回事？要是因为这个原因项目没有成功，你就给我走人！""怎么会这样？当时是打完了呀！人家也不是故意的嘛！哥……"

"以后请注意称谓！办公室不是家！"

的确，办公室可不是家，所以，在办公室就不能像在家里一样随便，而有遵守规范，符合礼仪。

在办公室工作，服饰要与之协调，以体现权威、声望和精明强干为宜。女士最好穿西装套裙、连衣裙或长裙。不宜把露、透、短的衣服穿到办公室里去，否则使内衣若隐若现很不雅观。

公室里工作不能穿背心、短裤、凉鞋或拖鞋，也不适合赤脚穿鞋。戴的首饰也不宜过多，走起路来摇来摇去的耳环会分散他人注意力，叮当作响的手镯也不宜戴。

在办公室里对上司和同事们都要讲究礼貌，不能由于大家天天见面就将问候省略掉了。"您好"、"早安"、"再会"之类的问候语要经常使用，不厌其烦。同事之间不能称兄弟道弟或乱叫外号，而应以姓名相称。对上司和前辈则可以用"先生"或其职务来称呼，最好不同他们在大庭广众之前开玩笑。

行为要多加检点。尽量不要在办公室里吸烟，更不要当众表演自己擅长的化妆术。如很想吸烟或需要化妆，则应去专用的吸烟室或化妆间。若附近没有这类场所，则只好借助于洗手间。

办公时间不要离开办公桌，看书报、吃零食、打瞌睡一定会引起上司的不满。私人电话接起来没完没了会招致同事们的白眼，而坐在办公桌上办公或将腿整个跷上去的样子都是很难看的。

要避免口衔香烟四处游荡，不要与同事谈论薪水、升降或他人隐私。遇到麻烦事，要首先报告给顶头或越级上告。在外国老板面前打同事们的小报告，常会被当做不务正业，弄不好会搞掉自己的饭碗。

接待来访者要平等待人，而不论其是否有求于自己。回答来访者提出的题要心平气和，面带笑容。绝不能粗声大气，或者以拳头砸桌子来加重语气。

去别的办公室拜访同样要注意礼貌。一般需要事先联系，准时赴约，经许可，方可人内。在别人办公室里，没有主人的提议，不能随便脱下外套，也不要意解扣子、卷袖子、松腰带。未经同意，不要将衣服、公文包放到桌子和椅子上。不要乱动别人的东西。在别公室停留的时间不宜太久，初次造访以20分钟左右为准。

9　应酬饭局中的礼仪

办事吃饭是常事，但是这样的饭局往往是不好应付的，诸多的潜规则等待你去体味。为了不出丑，还是提早学习下为好。下面这些看似微小的细节，却往往是最容易出糗的地方，须小心在意。

(1)宴席的座次

总的来讲，座次是“尚左尊东”、“面朝大门为尊”。若是圆桌，则正对大门的为主客，主客左右手边的位置，则以离主客的距离来看，越靠近主客位置越尊，相同距离则左侧尊于右侧。若为八仙桌，如果有正对大门的座位，则正对大门一侧的右位为主客。如果不正对大门，则面东的一侧右席为首席。

如果为大宴，桌与桌间的排列讲究首席居前居中，左边依次2、4、6席，右边为3、5、7席，根据主客身份、地位，亲疏分坐。如果你是主人，你应该提前到达，然后在靠门位置等待，并为来宾引座。如果你是被邀请者，那么就应该听从东道主安排入座。一般来说，如果你的老板出席的话，你应该将老板引至主座，请客户最高级别的坐在主座左侧位置。除非这次招待对象的领导级别非常高。

(2)点菜

如果时间允许,你应该等大多数客人到齐之后,将菜单供客人传阅,并请他们来点菜。当然,作为公务宴请,你会担心预算的问题,因此,要控制预算,你最重要的是要多做饭前功课,选择合适档次的请客地点是比较重要的,这样客人也能大大领会你的预算。况且一般来说,如果是你来买单,客人也不太好意思点菜,都会让你来作主。如果你的老板也在酒席上,千万不要因为尊重他,或是认为他应酬经验丰富,酒席吃得多,而让他/她来点菜,除非是他/她主动要求。否则,他会觉得不够体面。如果你是赴宴者,你应该知道,你不该在点菜时太过主动,而是要让主人来点菜。

如果对方盛情要求,你可以点一个不太贵、又不是大家忌口的菜。记得征询一下桌上人的意见,特别是问一下"有没有哪些是不吃的?"或是"比较喜欢吃什么?"让大家感觉被照顾到了。点菜后,可以请示"我点了菜,不知道是否合几位的口味","要不要再来点其他的什么"等等。点菜时,一定要心中有数。点菜时,可根据以下三个规则:

一看人员组成。一般来说,人均一菜是比较通用的规则。如果是男士较多的餐会可适当加量。

二看菜肴组合。一般来说,一桌菜最好是有荤有素,有冷有热,尽量做到全面。如果桌上男士多,可多点些荤食,如果女士较多,则可多点几道清淡的蔬菜。

三看宴请的重要程度。若是普通的商务宴请,平均一道菜在50元到80元左右可以接受。如果这次宴请的对象是比较关键的人物,那么则要点上几个够分量的菜,例如龙虾、刀鱼、鲥鱼,再要上规格一点,则是鲍鱼、翅粉等。还有一点需要注意的是,点菜时不应该问服务员菜肴的价格,或是讨价还价,这样会让你公司在客户面前显得有点小家子气,而且客户也会觉得不自在。

(3)吃菜

中国人一般都很讲究吃,同时也很讲究吃相。随着职场礼仪越来越被重视,商务饭桌上的吃和吃相也更加讲究。以下以中餐为例,教你如何在餐桌上有礼有仪,得心应手。中餐宴席进餐伊始,服务员送上的第一道湿毛巾是擦手的,不要用它去擦脸。上龙虾、鸡、水果时,会送上一只小小水盂,其中飘着柠檬片或玫瑰花瓣,它不是饮料,而是洗手用的。洗手时,可两手轮流沾湿指头,轻轻涮洗,然后用小毛巾擦干。用餐时要注意文明礼貌。

对外宾不要反复劝菜,可向对方介绍中国菜的特点,吃不吃由他。有人喜欢向他人劝菜,甚至为对方夹菜。外宾没这个习惯,你要是一再客气,没准人家会反感:“说过不吃了,你非逼我干什么?”依此类推,参加外宾举行的宴会,也不要指望主人会反复给你让菜。你要是等别人给自己夹菜,那就只好饿肚子。客人入席后,不要立即动手取食。而应待主人打招呼,由主人举杯示意开始时,客人才能开始;客人不能抢在主人前面。夹菜要文明,应等菜肴转到自己面前时,再动筷子,不要抢在邻座前面,一次夹菜也不宜过多。要细嚼慢咽,这不仅有利于消化,也是餐桌上的礼仪要求。

决不能大块往嘴里塞,狼吞虎咽,这样会给人留下贪婪的印象。不要挑食,不要只盯住自己喜欢的菜吃,或者急忙把喜欢的菜堆在自己的盘子里。用餐的动作要文雅,夹菜时不要碰到邻座,不要把盘里的菜拨到桌上,不要把汤泼翻。不要发出不必要的声音,如喝汤时“咕噜咕噜”,吃菜时嘴里“叭叭”作响,这都是粗俗的表现。不要一边吃东西,一边和人聊天。嘴里的骨头和鱼刺不要吐在桌子上,可用餐巾掩口,用筷子取出来放在碟子里。掉在桌子上的菜,不要再吃。进餐过程中不要玩弄碗筷,或用筷子直向别人。

不要用手去嘴里乱抠。用牙签剔牙时,应用手或餐巾掩住嘴。不要让餐具发出任何声响。用餐结束后,可以用餐巾、餐巾纸或服务员送来的小毛巾擦擦嘴,但不宜擦头颈或胸脯;餐后不要不加控制地打饱嗝或嗳气;在主人还没示意结束时,客人不能先离席。

(4)喝酒。俗话说,酒是越喝越厚,但在酒桌上也有很多学问讲究,以下总结了一些酒桌上的你不得不注意的小细节。

一要注意领导相互喝完才轮到自己敬酒。敬酒一定要站起来,双手举杯。

二要注意可以多人敬一人,决不可一人敬多人,除非你是领导。

三要注意自己敬别人,如果不碰杯,自己喝多少可视乎情况而定,比如对方酒量、对方喝酒态度,切不可比对方喝得少,要知道是自己敬人。

四要注意自己敬别人,如果碰杯说一句:"我喝完,你随意,方显大度。"

五要注意记得多给领导或客户添酒,不要瞎给领导代酒,就是要代,也要在领导或客户确实想找人代,还要装作自己是因为想喝酒而不是为了给领导代酒而喝酒。比如领导甲不胜酒力,可以通过旁敲侧击把准备敬领导甲的人拦下。

(5)倒茶

这里所说的倒茶学问既适用于客户来公司拜访,同样也适用于商务餐桌。首先,茶具要清洁。客人进屋后,先让坐,后备茶。冲茶之前,一定要把茶具洗干净,尤其是久置未用的茶具,难免沾上灰尘、污垢,更要细心地用清水洗刷一遍。在冲茶、倒茶之前最好用开水烫一下茶壶、茶杯。这样,既讲究卫生,又显得彬彬有礼。如果不管茶具干净不干净,胡乱给客人倒茶,这是不礼貌的表现。

人家一看到茶壶、茶杯上的斑斑污迹就反胃,怎么还愿意喝你的茶呢?现在一般的公司都是一次性杯子,在倒茶前首先要注意给一次性杯子套上杯托,以免水热烫手,让客人一时无法端杯喝茶。其次,茶水要适量。先说茶叶,一般要适当。茶叶不宜过多,也不宜太少。茶叶过多,茶味过浓;茶叶太少,冲出的茶没啥味道。假如客人主动介绍自己喜欢喝浓茶或淡茶的习惯,那就按照客人的口味把茶冲好。再说倒茶,无论是大杯小杯,都不宜倒得太满,太满了容易溢出,把桌子、凳子、地板弄湿。不小心,还会烫伤自己或客人的手脚,使宾主都很难为情。当然,也不宜倒得太少。倘若茶水只遮过杯底就端给客人,会使人觉得是在装模作样,不是诚心实意。再次,端茶要得法。

按照我国人民的传统习惯，只要两手不残废，都是用双手给客人端茶的。但是，现在有的年轻人不懂得这个规矩，用一只手把茶递给客人了事。双手端茶也要很注意，对有杯耳的茶杯，通常是用一只手抓住杯耳，另一只手托住杯底，把茶端给客人。没有杯耳的茶杯倒满茶之后周身滚烫，双手不好接近，有的同志不管三七二十一，用五指捏住杯口边缘就往客人面前送。这种端茶方法虽然可以防止烫伤事故发生，但很不雅观，也不够卫生。请试想，让客人的嘴舔主人的手指痕，好受吗？

(6)离席

一般酒会和茶会的时间很长，大约都在两小时以上。也许逛了几圈，认得一些人后，你很快就想离开了。这时候，中途离席的一些技巧，你不能不了解。常见一场宴会进行得正热烈的时候，因为有人想离开，而引起众人一哄而散的结果，使主办人急得真跳脚。欲避免这种煞风景的后果，当你要中途离开时，千万别和谈话圈里的每一个人一一告别，只要悄悄地和身边的两、三个人打个招呼，然后离去便可。

中途离开酒会现场，一定要向邀请你来的主人说明、致歉，不可一溜烟便不见了。和主人打过招呼，应该马上就走，不要拉着主人在大门。聊个没完。因为当天对方要做的事很多，现场也还有许多客人等待他去招呼，你占了主人太多时间，会造成他在其他客人面前失礼。有些人参加酒会、茶会，当中途准备离去时，会一一问她所认识的每一个人要不要一块走。结果本来热热闹闹的场面，被她这么一鼓动，一下子便提前散场了。这种闹场的事，最难被宴会主人谅解，一个有风度的人，可千万不要犯下这种错误。

10 注意以下这些失礼的行为

以下这些行为都是失礼的，职场员工要特别注意，别让这些小细节毁

了自己:

(1)直呼老板名字

直呼老板中文或英文名字的人,有时是跟老板情谊特殊的资深主管,有时是认识很久的老友。除非老板自己说:“别拘束,你可以叫我某某某”,否则下属应该以“尊称”称呼老板,例如:“郭副总”、“李董事长”等等。

(2)以“高分贝”讲私人电话

在公司讲私人电话已经很不应该,要是还肆无忌惮高谈阔论,更会让老板抓狂,也影响同事工作。

(3)开会不关手机

“开会关机或转为震动”是基本的职场礼仪。当台上有人做简报或布达事情,底下手机铃声响起,会议必定会受到干扰,不但对台上的人,对其他参与会议的人也不尊重。

(4)让老板提重物

跟老板出门洽商时,提物等动作你要尽量代劳,让老板也跟你一起提一半的东西,是很不礼貌的。另外,男同事跟女同事一起出门,男士们若能表现绅士风范,帮女士提提东西,开关车门,这项贴心的举手之劳,将会为你赢得更多人缘。

(5)称呼自己为“某先生/某小姐”

打电话找某人的时候,留言时千万别说:“请告诉他,我是某先生/某小姐。”正确说法应该先讲自己的姓名,再留下职称,比如:“你好,敝姓王,是某某公司的营销主任,请某某听到留言,回我电话好吗?我的电话号码是XXXXXXX,谢谢你的转答。”

(6)对“自己人”才注意礼貌

中国人往往“对自己人才有礼貌”,比如一群人走进大楼,有人只帮自己的朋友开门,却不管后面的人还要进去,就把门关上,这是相当不礼貌的。

(7)迟到早退或太早到

不管上班或开会,请不要迟到、早退。若有事需要迟到早退,一定要前一天或更早就提出,不能临时才说。此外,太早到也是不礼貌的,因为主人可能还没准备好，或还有别的宾客，此举会造成对方的困扰。万不得已太早到，不妨先打个电话给主人，问是否能将约会时间提早，不然先在外面晃一下，等时间到了再进去。

(8)看高不看低，只跟老板打招呼

只跟老板等“居高位者”打招呼，太过现实！别忘了也要跟老板主管身边的秘书或小朋友打招呼。

(9)谈完事情不送客

职场中送客到公司门口却是最基本的礼貌。即使很熟的朋友，也要起身送到办公室门口，或者请秘书或同事帮忙送客。一般客人则要送到电梯口，帮他按电梯，目送客人进了电梯，门完全关上，再转身离开。若是重要客人，更应该帮忙叫出租车，帮客人开车门，关好车门，目送对方离开再走。

(10)老板请客，专挑昂贵的餐点

别人请客，专挑贵的餐点是非常失礼的。价位最好在主人选择的餐饮价位上下。若主人请你先选，选择中等价位就够了，千万别把人家的好意当凯子。

(11)不喝别人倒的水

主人倒水给你喝，一滴不沾可是不礼貌的举动哦！再怎么不渴或讨厌该饮料，也要举杯轻啜一口再放下。若是主人亲自泡的茶或煮的咖啡，千万别忘了赞美两句。

(12)想穿什么就穿什么

“随性而为”的穿着或许让你看起来青春有特色，不过，上班就要有上班样，穿着专业的上班服饰，有助提升工作形象，也是对工作的基本尊重。

“职场礼仪”这种“学校没有教的事”，一不小心就很容易误触地雷，然而，你的老板却不会开口告诉你。因此，建议你一定要补修学校没有教的“职场礼仪课程”，让你的行为举止之间有一个很好的依归。你会发现当你注意所有职场礼节，并身体力行时，一定能成为一个受欢迎且受尊重的职场工作者。

第六章

需要牢记的职场忠告

埋头苦干、一步一步奋斗、中规中矩努力并不能保证工作中不出差错。成功更是等不及你翻一次又一次的跟头。要想成就梦想，少走许多弯路，比一味傻干更重要。

1 选择自己喜欢的工作更容易有成绩

孔子说:知之者不如好之者,好之者不如乐之者。当我们热爱某种工作,打心眼里喜欢这样的工作,就能从工作中得到更多的快乐,享受到更多的乐趣,因而我们工作得再苦再累也不会觉得有什么不对,也会乐在其中、幸福无边。有这样的心态,当然会让我们把工作做得更好,做出非凡的成绩来了。

有人问一个著名画家:"你为什么爱画画?"

他回答说:"问我为什么要画画?这个问题像似你在问:'鸟为什么要飞?鱼为什么爱游?花为什么爱开一样。'因为鱼是鱼,鸟是鸟,花是花。问我为什么爱画画?因为我是我,我是个爱画画的我,你为什么不去问时钟为什么要走?"

"那你为什么会画得那么好?"问的人还不甘心。

画家笑了:"真是的,你为什么不去问鸟儿为什么会飞得那么高、那么美、那么轻快惬意呢?因为我喜欢呀,这就像我的天职一样,我天生就是干这个的!"

选择工作时要选择自己热爱的工作,这样会使我们的职场之路走得更顺,也使我们能感受到更多的幸福。

人的一生都是在选择中度过。在每个重要的关头,最头痛的也都是选择。一个正确的选择可以使人飞黄腾达,生活在幸福之中;一个错误的选择会害人不浅,甚至断送掉一生的前途。放掉无谓的固执,选择你所真正热爱的并忠诚于你的选择。

时不时有一些在毕业几年里遇到困惑的年轻人向职业规划师咨询关于职业规划上的事情。他们非常渴望别人告诉他们方向。譬如有一个姓李的小伙子向职业规划师写信道：

老师您好，您了解慧聪网和金融在线这两个公司吗？我不是跟你说过我想换工作吗，昨天去慧聪网面试了，面试上了，我的朋友有的说不好有的说还不错，我也不知道是好还是不好，不过自己感觉还可以，所以想向您请教一下！

任何一份工作，可以从10个角度去考虑：该行业的前景，该企业的前途，老板的见识，直接上司的人品，同事之间的氛围，你自己所长是否与岗位匹配，你之前的人脉和资源是否能用上并继续延伸，你个人价值是否能得到认可，待遇是否比上份工作有提高，公司的地址环境及你上下班是否方便。每项10分，你给自己打分，总分75分以上则可接受，85分就比较不错了。当然，没有一个公司是十全十美的，关键在于自己的内心是否愿意接纳它。有些事情你必须去尝试，不去试试永远不知道好不好、行不行。

从某种意义上说，人生就是选择。在人生的每一次关键时刻，审慎地运用你的智慧，做最正确的判断，选择属于你的正确方向。同时别忘了随时检查自己的行动与当初设定的目标方向是否产生偏差，适时地加以调整。选择是需要成本的，有好的人生选择，也有坏的人生选择，却没有不要成本的选择。付出的成本太高，就可能给我们的人生留下太多的缺憾。相反，如果一开始做出了正确的选择，就能降低个人选择的成本，创造更多的人生价值。

人生本来就需要做选择，但是一定要做对的选择，秘诀就是“选你所爱，爱你所选”。在选择将来自己要从事的职业和领域上，最明智的莫过于日本软件银行的董事长孙正义了，他在《福布斯》的年度富豪排行榜上名列全球第四，被誉为“日本的比尔·盖茨”。

在美国读完大学后，孙正义回到了日本，成立了 UnisonWorld 股份有限公司。孙正义成立这家公司的目的就是想通过它来确定自己未来的事业是什么，为此他必须进行社会调查。而他深知进行社会调查只凭借个人的力量是根本没有办法完成的，所以他才成立了这家公司。

通过拜访各行名业的人士和阅读各式各样的书籍，孙正义列出了总共 40 项自己想要从事的行业。针对这些行业，孙正义进行了一连串的市场调查，并将结果与检查项目表对照，判断这些是不是适合自己投入一生的事业。

孙正义针对这 40 项行业，分别编出 10 年的预估损益平衡表、资产负债表、资金周转表以及组织图，还依照不同的时间顺序编制了不同的组织图。如果将孙正义进行调查的资料书面文件集中起来，足足有 10 米高。

这项工作花去了孙正义将近一年的时间。经过很长时间的思考后，孙正义最后选择了从事软件的流通事业。他曾经这样说过："我不愿意用情性或者是偶然的因素决定自己的命运和人生方向，一定要在个人有了充分了解的基础上，决定自己未来的人生大道。当然，一旦确定自己的人生计划，我就会立即去付诸实施。"

你只有做自己感兴趣的工作，才能够有所进步，并达到事业的巅峰。否则，逆水行舟，不进则退，最终难成辉煌。我们从一些成功人士的身上细细观察，就会发现他们的事业和自己的兴趣总是紧紧联系在一起。正是因为这一点，他们总能对工作怀有无限的热情和喜爱，并全力以赴地为之奋斗和付出。

有人在微博上写道：选择一份你喜欢的工作，这样工作的 8 小时你就是快乐的；再选择一个你喜欢的人，这样工作之外的 8 小时也是快乐的。在醒着的 16 小时都能快乐，那是多么幸福的事情！

因此，假如你不喜欢一份工作，只是为了钱而不得不与之为伍，10 年、20 年之后，可能有一天你会猛然发觉，自己的人生竟然如此贫乏，耗尽半生光阴却没有做过一件令自己快乐的事。如果你选择自己喜欢的事去做，即使赚钱不多，也乐此不疲，结果你反而会发现，由于坚持所爱，你不仅充分发挥了才能，还闯出了一片属于自己的新天地。

2 选择自己擅长的来用心经营

微软公司总裁比尔·盖茨，因为在哈佛大学他没有读完就经营他的电脑公司去了，最后只有高中文凭的他成功了。

追究其成功的主要原因，我们不难发现，他放弃学业选择自己擅长的软件行业去创业，就是因为他发现了自己的长处，并且对自己的长处坚信不疑，最终真的获得了成功。

很多大人物成功的诀窍之一就是经营自己的长处。在人生的坐标里，一个人如果站错了位置——用他的短处而不是长处来谋生，那是非常可怕的，他可能会在永久的卑微和失意中沉沦。因此，对一技之长保持兴趣相当重要。即使它不怎么高雅入流，也可能是你改变命运的一大财富。

唐文原本是一家公司的小职员，他英语口语非常好，所以老板很重视这个人才，只要是和外企的人谈合作老板都带着唐文去。唐文也不负众望，每次都能用他的专长为老板签下合同。唐文也清楚地知道，让他能在这个公司站稳脚跟的是他的长处——英语。

某一次，老板又和一家外企谈生意，当然老板还是带着唐文去。他们和客户谈得很顺利，但在最后，客户提出要他们用英语写一份计划书。老板当时就把这个工作交给了唐文。这可让唐文为难了，他口语是很好，但是写作却不太在行，尤其是要写这么专业的文件。

唐文想来想去，还是告诉了老板他写不了，最后老板不得不找了另外一个同事来做这个事。从那以后，老板似乎不那么重用他了，有重要的英文谈判也不会总带着他了。唐文看着自己日渐受到冷落，于是就开始很努力地学习英语写作。别人都下班回家了，他却去上补习班。

有一天，他帮老板送一份英文文件给客户，发现一处很严重但不容易发现的错误，于是他马上告诉老板，最后避免了公司的损失。老板惊奇地问他写作水平怎么提高那么多，唐文说："虽然我的长处一直只是英语口语，但是我如果一直满足于此就再也无法进步。所以我想让自己的英语能力变得更加全面，更好地经营好我的长处，这样才能让自己和公司获得更好的利益。"

当然，从那以后他再次受到老板的重用，最后还坐到了客户部经理的位置。

长处不会因为你拥有就一直是你的专利。社会竞争那么激烈，也许别人的水平比你还高，那个时候你的长处就没有价值了。所以无论你获得多么稳固的工作，你都应该像唐文一样懂得让自己的长处更长。

看到这里，或许有人会说："我都不知道我的长处在哪里？"这个问题的答案其实很简单，你的长处或许就是你性格中的某一方面，或许在你的兴趣上，又或许是你最自豪的领域。只要你不愿意自己一直处于平庸，你就会很快发现自己的长处，让它为你的生命创造你独特的人生价值。

很多人会问："既然长处已经是比别人优越的地方，那还有必要经营吗？"那是肯定的。越是长处越需要经营，不经营你就会失去你的长处了。一位职场人的自白或许可以给我们一些启示：

大学毕业那年，我应聘去了家外贸公司当英语翻译，与我同时进去的另一位名牌大学毕业生，他做日语翻译。在领导眼中，我们两人都风华正茂，是未来的经理候选人。

对此，我们都心照不宣，在工作上暗暗较劲，你追我赶，每年的业绩都完成得十分理想。

单位原先有日商投资，因此单位经营层经常需要和日本人打交道，理所当然的，那位学日语的同学经常在公开场合露面。一时间他在单位的口碑好过我。

为此，我坐不住了。长此以往，肯定会处于劣势，而失去良好的晋升机会。于是我决定凭着大学时选修过日语的基础，暗地里学习日语，超过对方。

为了不让别人知道，学日语都是在暗中进行的，我几乎把所有业余时间都花在了这上面。

两年过去了，我拥有了一张日语等级证书，开始尝试着与日商进行会话，帮助营销员处理一些日文的翻译任务。

同事对我掌握两门外语十分佩服，我自己也有一种成就感。但就在我自我感觉良好的时候，我在翻译澳大利亚商人的贸易合同时关键词汇失误，给公司造成了数10万美元的损失。虽然事后公司通过谈判挽回了部分损失，但董事长为此十分震怒，我也差点失去工作。

我十分内疚，想不明白为什么会误译一个并不生僻的单词。反省再三，我醒悟过来，我两年忙于学习日语，早已疏于对英语词汇的充实和温习，错误的发生其实是不可避免的。

我在自己的优势上败下阵来，而且我的日语即使再苦学几年也无法达到对方的水平，真是悔之莫及。

以己之短，较人之长，不输才怪。所以，一定要明白自己擅长什么，从而倾注精力，把自己擅长的方面来用心经营，做出成果来比什么都强。因为做自己最擅长的永远比做自己生疏的要来得容易。一定要善于发挥自己所长，以己所长御敌所短，更能赢得职场成功。事事都想做反而做不好一件事，多而滥不如专而精。不要看到别人做什么自己也想去什么，做好自己最擅长的，才能取得比别人更大的成功。

那么，我们应该怎样经营自己的长处呢?

(1)首先要善于发现自己的长处

人的才能是多方面的，有的明显，有的隐蔽。只有先发现长处，才能扬优成势。

(2)找到用武之地

只有让你的长处有足够的用武之地,才能发挥它最大的功效,也才有源源不断的动力来支撑你去经营它、完善它。

(3)不断地做出比较

每当你用你的长处完成一件事的时候,可以把你预期的结果和现实的结果比较一下,这样可以帮助你找到你长处的缺陷和已经落伍的部分。

(4)不要对其他知识不屑一顾

许多学有所长的人,往往对其他领域的知识嗤之以鼻。专长和能力是一张网,需要你设法去获得各种必要的能力与知识来编织。

在选择职业时,也是同样的道理。你无须考虑这个职业能不能立即给你带来很高的收益,能不能使你成名,你应该选择最能使你全力以赴的职业,应该选择最能使你的品格和长处得到充分发展的职业。

经营自己的长处等于存了一笔利率最高的存款,它能使你的人生不断增值;经营自己的短处等于贷了一笔利率最高的贷款,它会不断削弱你的人生。

不管是谁,每个人在某方面都会有一些让人惊叹的长处。人的一生也只有靠自己的长处才能获得成功,就像善歌者走向了舞台,左右逢源的人自动滑进了商海。那些成功的人无不是用自己的长处来挖掘自己的成功。

3 成长机会比薪水更重要

一个人对于职业的心态一定要摆正。比如关于薪水问题,目光一定不能太短浅、只盯着薪水,而是要看到其他更多的成长机会。你的内心深处一定要响彻着这样一种声音:“我不仅是在为老板打工,更不单纯为了赚钱,我是在为自己的远大前途而努力。”

生活中，有这么一条让人匪夷所思的定律：越是在乎的，越是得不到；如果看清、看淡，反而该来的都会来。这个道理同样也适用于我们的工作。作为职场中人，无不希望自己享有较高的工资、较好的福利、较大的收益，但又有谁见过那些斤斤计较的人获得了大的收益呢？

在一本杂志上，有一个叫飘雪的作者写的一篇文章，让人感触很深。原文如下：

大学毕业后，我到一家私企打工。因为企业小，不规范，老板什么活都让我干，说是文员，分给我的工作就是打杂。每天，我要完成多种琐碎的工作，连好好吃饭休息的时间都没有，我觉得自己在浪费青春和生命。

我把烦恼倾诉给一个远方的同学，她寄来一本《奇缘此生》的书，是台湾教育界、财经界久负盛名的李模先生的自传式回忆录。

一天晚上，我翻开了这本书。年轻时，李模先生是流亡学生，在日本发动侵华战争时，离开家园。当时，李模连高中学业都没有完成，在一个税务机关当临时工读生。他从收文工作做起，因为工作认真、努力勤奋，很快，他就把收文的工作做得非常熟练了。就这样，他不断扩大工作范围，最多的时候，他一个人兼了七份工作。他认为，世上竟有这么好的事，可以在工作中学本领，不但不交学费，还可以拿到薪水。别人给你埋单，自己获得成长的机会。真值！

看到这句话，我豁然开朗。

以前，老板交代工作，我表面上做着，心里却在抱怨。现在，我把新工作视为新的学习机会，高高兴兴地接受，努力迎接新挑战。

那些以前被我视为痛苦的事情，如今不再痛苦。随着工作量的增加，我手脚利落，灵活干练，对新事物能迅速上手。很快，我成为单位备受倚重的首席战将。

后来，我被大公司挖走，扶摇直上，做到公司上层。

现在，我经常对年轻人说，人生这笔账，不能光看眼下得利，你在多做中得到的能力、认同，都不是金钱能衡量的。再说，未来隐藏的机遇，也不

是现在能计算出来的。

当我们获得了一份工作，就应当珍惜机会，感谢领导对自己的栽培，将感恩付诸行动，通过努力用效益回报企业，用成长回报自己。

在工作中，千万不要问：“我为什么要付出？对得起这份薪水不就可以了吗？”而要说：“我要努力，我要把工作做到最好！”只有如此，我们在为企业创造更高收益的同时，才能将自己的作用发挥到极致。

在职场中，薪水的差异是由社会环境、个人能力、行业经历、企业体制等多方因素造成的。先让自己好好成长、成熟起来，相信有一天，一旦你具备了更高的工作能力，自然有机会得到更高的薪水。

你也许会经常抱怨薪水太少，但是却很少想过：薪水只是职场中一点小小的回报，只为薪水而工作，就会把自己局限在一个很小的圈子里，让自己的人生路越走越窄。而那些不太考虑薪水高低的人，把视野放得更远，就能拾到更多的机会，让自己快速成长起来，比别人更早地走出毕业这几年的“蘑菇期”，奔向更大的成功！

马云说过：“在职业上升期，不要把钱看得太重要，而要将钱看轻 ，一个人头脑里面老想钱，那他成不了大事。”

“今天的成就是昨天的积累，明天的成功则有赖于今天的努力。”把工作和自己的事业联系起来，对企业负责，时刻站在企业立场，你就能容忍工作中的压力和单调，觉得自己所从事的是一份有价值、有意义的工作，并且从中可以体会到使命感和成就感。如此，晋职加薪也是指日可待的事情，你也终将成为企业最需要的员工。

因此，越是明智的人就越不会找借口，就越珍惜企业给予自己的一切，这其中并不仅仅是薪金和福利，还有更高层次的精神追求。他们对企业的归属感比任何人都强烈。当然，企业自然不会亏待这些忠于企业并能促进企业进一步发展的优秀人才。

4 谨慎跳槽

在一个地方做得久了，有可能会厌倦，如果再加上人际关系不好处、长时间没有长薪、升迁无望，或者有更好的机会可以抓住的时候，很多人都会毫不犹豫地选择跳槽。这其实没什么大不了。现代职场，对于跳槽的宽容度已经到了极限。员工炒老板、老板炒员工的事都司空见惯、见怪不怪了。

如果你真的觉得在这家公司或是在这个职位上待着难以忍受或是没有前途、让自己不开心了，有合适的地方能跳一跳，也未尝不是一件好事。至少可以让你换个环境、换个心情，让自己重燃对工作的激情，重新焕发活力和生机。只是跳槽之前有些关键的东西是必须要注意的。比如自己真的需要跳槽吗？跳槽之后会怎么样？比现在好还是差？跳槽也不一定都是越跳越好。当然，有可能越跳越好，但跳槽越跳越坏的也大有人在。所以跳槽之前一定要仔细权衡。

司徒南，31岁，有着6年的市场管理工作经验，并且对市场有较好的敏感度。他曾经在南方一家颇有名气的企业做市场部经理，成绩相当不错。不过，这家企业的文化过于呆板，他觉得受到压抑。司徒南从南方来到北方，跳槽到沈阳的某家外贸公司，他很快就适应了新岗位。到现在，司徒南工作快两年了，他所带领的团队业绩一直保持领先的位置。虽然上司对他十分欣赏，可他总得不到提升的机会。司徒南不明白，一些比他年轻的人拿到了高学历，就可以做到更高的职位，他虽有丰富的市场经验，为什么一直不能晋升。司徒南也寻找过跳槽的机会，不过一直没有理想的职位。但只要有好的职位，他肯定会跳的。

司徒南的困惑在30岁左右的职业人中非常普遍,他们一般都有六七年以上的工作经验和本科学历,他们的职业需要进一步发展和突破,由于某些原因,他们无法突破瓶颈。

司徒南跳到新的单位就会更好吗?没有人知道。但是却有一个调查可以参考:调查显示,有7年以上经验的职场“老人”很难晋升,而工作经验在5年左右的人,有一半的人可以顺利进入企业高层。很多人都认为,随着职业年龄的增长,更容易跳上高位。事实并非如此,很多人跳来跳去之后才发现,自己一直在同一级别上转悠,还有很多人越跳越不如从前。所以跳槽前应该有详细的策略规划,尤其是职场“老人”如果不能在这家单位迅速晋升,即便跳槽到其他单位,也很难被委以重任。

所以在跳槽前,除了要考虑跳槽后新公司和工作是否适合自己之外,同时也应考虑跳槽本身对你所造成的影响和利弊得失。如有哪些有利的方面呢?如更好的工作条件(包括待遇、环境等);新的学习环境及发展机会;新人新气象,一切可以从头开始、有自己更喜欢的东西在里面等等。那跳槽后不利的方面呢?如需重新开始建立人际网络关系,包括主管、同事、下属及客户;其中任何一个环节没有衔接好,都将给新的职位带来困扰。新雇主期望你在短时间内有所表现;有损个人形象,每多换一次工作,在个人的工作稳定度上就会被多扣一分。而且还有很多时候,因为我们跳槽使我们的工作出现断档,也就是这样的工作干了一段时间又换了另一份工作,那样的工作也没干多久,又换了一份工作,使工作的积累相当地零散,四五年过去,我们在哪一个行业中都还是新手,什么经验也未能积累起来,而年纪渐大,反倒使自己优势尽失,得不偿失。

跳槽是职业生涯中的大事,必须是在对自己的职业生涯进行了科学、理性的规划后才能行动,切记不能因一时头脑发热盲目做决定,否则,不但达不到预期效果,还会越跳越糟。

职业人在跳槽之前要做好充分的准备,先谋而后定。跳槽不是简单地将简历发出去就被动地等待。甚至很多职业人在接到面试通知时还不知道是哪个单位看中了自己。在这样盲目的状态之下,你的求职中奖率能有多高?要根据自己的职业目标定位,对行业发展、企业发展背景以及岗位职能、能力上涨空间作出统一的评估,如此一来不仅是企业选择你,更重要的是你能够在选择企业的同时选择了好的发展。

事业发展总有几个突破性的关口,当你花费了精力却没有回报的时候就要思考方向、方法、方式是否正确,如果继续"蛮干"下去,丢失的就不是一个阶段的发展,而可能是你的未来。但是只要找到正确的规划之路,就可以轻松助你登上高职与高薪。

很多员工之所以选择跳槽的一个重要原因就是为了高薪。俗话说:"人为财死,鸟为食亡。",追求高薪谁都可以理解。但跳槽之前也务必要考虑周到。如果你目前的薪资明显低于市场水平,无法提升,而原因又不在自己的能力上,此时应该选择跳槽;如果原因是自己能力不够,就应该考虑提升自己的能力而不是跳槽。

有时新工作薪资虽然很高,但并不符合自己的职业规划,只是短期赢利,这样的情况下就需要仔细斟酌了。能力和薪酬是成正比的,所以跳槽前对自己的综合能力做个评估,根据自己的能力来要求薪水,如果你的能力够强,招聘者一般会考虑给你加薪。而盲目追求高薪只会让自己吃苦头,更不能为了高薪而牺牲整体职业规划。

每次的跳槽都是人生重要的转折点,这个弯转得漂亮会让你下个人生阶段走得比别人顺遂如意。如何在职场漂亮转身呢?首先,一定要看清楚社会的现状、目前工作的前景、公司未来的发展潜力。其次,就是要充分了解发展的方向,特别是想转换到不同领域、不同职务的人,千万不能凭外在的表面印象就冲动地转行,因为隔行如隔山,你在这一行干得很好,到那一行则不一定了。

跳槽最忌人云亦云、好高骛远。过分理想化的跳槽结果,带给你的不一定是美好的将来,反而容易让你遭受更大的挫折失落。

跳槽前的准备工作非常重要,不能什么都没准备好,抬腿就走人,导致跳槽的高成本,这是不理智的选择。找工作中的很多因素都不是自己能控制的，没有人能够确保自己一定能在某个期限内就找到合适的工作。尤其是想转换到不同领域、不同职务的人千万不能凭外在的表面印象就冲动地转行。

辞职后，如果长时间找不到工作，会影响自己的心情，打击自信，容易在走投无路时，随便接受一个不如自己心意的工作。在你决定跳槽之后，必定会对未来有所期待，幻想着通过跳槽达到一个灿烂光明的美好前景。可现实是非常残酷的，新上司、新工作、新环境、新同事，都会让你感到理想与现实差距很大。

可见在决定跳槽之前，千万不要盲目地一味想着新工作的好处，任何事情都有两面性，考虑周全可以避免将来后悔莫及。做好跳槽利弊分析，尽力减少自己的跳槽成本，为顺利跳槽做好准备。

所以，跳槽之前一定要谨慎，不可随便乱作跳槽的决定，也不可随便找个单位就跳。跳槽之前要仔细分析，认真思考，仔细权衡，再作打算。

5 轻易转行不可取

你是不是可以转行、什么时候转行、适合转到什么行业等都是需要你“多虑”的因素。

俗话说：“隔行如隔山。”行业与行业之间，看似相通，其实有天壤之别。你在这一行做得风生水起、云飞燕舞，如果转做他行，很可能就会水泻云沉、一败涂地。所以，转行一定要谨慎，不是有实在不转不行的理由或是确实胸有成竹的把握，最好不要转行。

行行出状元。行业其实不存在好坏。再差的行业也有人脱颖而出，再好的行业也有人战无不败。转体制不如转观念，换行业不如换脑袋。没有夕阳产业，只有夕阳心态。如果你还不是你现在所从事的行业里的

NO.1,那就老老实实地继续努力,哪怕遭遇挫折,摔倒了再爬起来。

譬如目前的中国图书出版行业,进入成本低,退出成本高。客观地说,这不是一个暴利的行业,而且关键是回报的周期太长。很多出版人入行后不久就很沮丧地说想转行。但是每到这个时候,何不多想想这几个问题:“你现在是这个行业的前几名了吗?是觉得玩转了这个行业没意思了吗?如果你不从事图书出版行业,那会做什么呢?你做好从零开始的准备了吗?”这样想了之后你还会轻易转行吗?

“从零开始”是最难迈开的一步。美国哈佛大学的一项研究表明,转行的跨度愈大,转换的学习期会拉得愈长,时间成本愈高,所需要的心理准备与经济准备也要越充足。大跨度转行的人,因为要进入过去不熟悉的领域,通常要经历一段重新学习和过渡适应期,一旦决定失误,可能会丧失原有的职位、收入,甚至往常的家庭地位。这是每一个决心转行的人要必须面对的“职场黑暗期”。

别以为下一份工作会更好,别以为下一个行业会更美丽。问题的关键不在于行业本身,有时也许是我们自身努力还不够。一个优秀的人,一定会在一个行业里坚持着,直到做出一定的成绩。

演艺这条路,他一直走得不顺。

他是有天赋的!初中毕业不久,他就签约了太平洋唱片公司,跟他一同签约的其他艺人有些后来红了,他却一直默默无闻。后来,居然连歌也没得唱了。

1994年,他离开太平洋公司,来到北京,在酒吧里当驻唱歌手。他住在郊区农民的房子里,大冬天的,每天蹬两个钟头自行车去酒吧唱歌。这期间,他认识了许多同他一样在酒吧里驻唱的朋友,那些人相继大红大紫,又只有他,像一棵干枯的稻草,黯然地,被世界遗忘在一个阴暗的角落。

2000年,通过朋友高虎的推荐,他开始演电影。虽然也演过主角,但是大多都是诸如士兵甲、路人乙的小角色。微薄的片酬,根本无法让他维持在北京的生活。

三十岁那年，有朋友劝他：改行吧，演艺向来都是年轻人的天下，你不能再耗下去了，又何必在一棵树上吊死？

以后的路到底怎么走，是改行，还是继续坚持？他的内心充满了彷徨。

可是不久他就想通了，继续在各大片场蹭一些小角色。朋友见了，不由感叹："这是何苦呢？"他笑笑："演艺这条路，我虽然一直都不顺，但是却积累了许多经验教训与人脉关系，若是改行，这一切还不都得从零开始！"

就这样，他又开始了艰难的尝试与坚持，事业终于慢慢有了起色。2009年，他在电影《斗牛》中饰演牛二。有一次拍摄，在一座石头山上，三五百米高，场工上去一回都累得直喘，他却要一个镜头从山底跑到山顶，跑三四十趟。戏拍了3个月，鞋子磨破38双。

付出总有回报！凭借该剧，他一举夺得第46届金马奖最佳男主角。从此，事业步入坦途，仅2009年，他就参与演出了十部电影。

他就是黄渤，一个俗事历尽、朴实无华的山东汉子。

如果方向是正确的，失败了也要从头再来。失败的代价是惨痛的，但是失败的教训却是宝贵的。在你自己熟悉的行业里，哪里有沟，哪里有坎，早已了然于胸。相对于那些充满未知与风险的陌生之路，实在好走得多！

不管别的行业多热、多火，最终还是要选择合适自己的，挑选行业既要考虑发展前景，又要考虑适合自己。常言说"隔行如隔山"，转行跨度大更要谨慎，千万不要轻举妄动。想避免转行中出现的问题，首先要问自己以下几个问题，作出一个转行的风险评估：

(1)你要转换行业，从一个你熟悉的行业转换到你不熟悉的行业，你是否愿意从最底层开始做起？是否准备放弃你已经奋斗并已经取得或积累的相应的工作经验？

(2)在新的职位上，你的直接主管或许比你年轻得多，你能接受这样的事实吗？你能在比你年轻的主管手下听从指挥吗？你有没有足够的耐心，放平心态、卧薪尝胆？

(3)由于转换行业，你的收入可能比你原来的要低，你的生活质量会受到影响，你能接受这样的状况吗？

(4)如果你转行失败，后面应该怎么办？重操旧业还是再次转行？这里的成本你能够承担吗？如果这段时期你没有收入，你是否可以支撑自己或者生活下去？

(5)在转行过程中你是否有较强的心理调节和承受能力？因为转行过程中你可能遇到很大压力：重新再造自我的过程中也许并不如所愿，而公司却催你快出效益、业绩；当你看别人在事业上都有一些成就，而你却还在原地或刚刚开始启动你的职业发展。对于这些你能从容面对吗？

可以说，转行是人生的一个新的起点，充满了风险，随便决定转行对个人而言是不负责任的表现，理性的决定转行的原则是大胆设想、小心求证、全面的回答和分析这些回答，把自己的实际情况和转行的目标进行客观评估，再进行判断，这些理性的思考过程将使得你的转行风险降到最低点。

中国有句俗语："男怕入错行，女怕嫁错郎。"而且，职场上的男女都会面临是否转行的抉择。如果实在是觉得自己入错行了，而自己擅长的、喜欢的、有潜力或是有资源的，都在另一个行业中，那转行也未尝不可。只是，千万要谨慎。

6　提升自己的核心竞争力

所谓个人核心竞争力，即不易被竞争对手效仿、具有竞争优势、独特的知识和技能。核心竞争力是不易被竞争对手模仿,并且是你独有的本领。如果别人也有这种本领,且比你高强,那么这种本领根本算不上你的核心竞争力。

要在职场获胜,就要找到自己的核心竞争力。人在社会中要始终占有哪怕只是一小块舞台,以此来证明自己的存在,也能成为日后重新上路的根据地。找到自己与他人不同的地方,并全力出击,你才有可能胜出。

一个人在从出生到死亡的人生旅途中要经历各种各样的竞争,不同的竞争当然需要不同的竞争力,采取不同的竞争方式。在职场竞争中,要具备以下三种能力:

(1)基本能力。基本能力是参加竞争必需的,这个能力就相当于企业的产品,你要有自己的产品拿出来和别人竞争。就像参加游泳比赛,那么你至少得会游泳。

(2)核心能力。所谓核心能力就是使自己在同样条件下的竞争中领先别人的能力。就像游泳要游得快,这个能力相当于企业的核心产品,产品要比同类产品更具市场竞争力。两个人在森林中碰到了老虎,马上逃跑。其中一个跑得快,那么他就比跑得慢的具有竞争优势。如果其中一个会爬树,那么他就具有核心竞争力。

(3)核心竞争力。核心竞争力其实就是不断加强完善自己核心能力的能力。不断使自己的核心能力得到提高、改善甚至转型,使得自己在竞争中总是先人一步,取得竞争优势。

如果你是一位服装设计师,你会一般的服装设计,这就是你的基本能力。但是你设计的时尚女装特别受欢迎,那么这就是你的核心能力。你能够在女装设计中不断推陈出新,始终引领潮流,或者说很快抓住消费者,这就是你的核心竞争力。核心竞争力是人格和特长的综合。小胜在于技巧,中胜在于实力,大胜在于人格。因此,要提高个人的核心竞争力就需要不断完善自身人格,还要不断学习,从而提高自己的职业能力。

此外你一定要具有别人不具备的能力。找到自己与众不同的地方,找到自己的兴趣所在,做你喜欢的工作,喜欢你所做的工作,充分发挥你的特长，你就能比别人做得更出色。

29岁的张小洁毕业于知名大学人力资源专业，就职于合资企业HRD，已经任职5年。五年里她从文员助理做起，去年因为前任HR离职，使她从三名候选人中胜出，晋升为HR经理。就因为她有优秀的综合能力与资源。领导和同事评价她说，之所以提拔她，是因为她亲和力好，沟通能力强，处事圆滑懂得应变，与上下级关系处理得很好，可以较好地把握好公司的人际关系，并且充分发挥作用。

她的前任HR经理在人力资源各方面其实十分专业，即使是每周汇报工作的PPT文档都相当规范，但他在公司就是人际关系差，同级的部门总有90%以上都不喜欢他，每逢开会，但凡是他提出的建议或意见，几乎从未被采纳过，哪怕是对公司有益的，最终严重影响到公司的正常工作，末了老板只好叫他打报告走人。

众所周知，HR主要从事的是与人打交道的工作，因此HR的综合能力及资源无疑是其工作能力中相当重要的组成部分。很强的亲和力就如同大磁铁，能把优秀人才吸引到公司来。坦诚而让人信任的沟通就像冬日的暖茶，能留住真正的人才。快速的反应及变通就如同CPU处理器，能够化解公司内部诸多纠纷和矛盾等。所以对于一名优秀的HR来说，出色的综合能力和资源是不可或缺的。身边的同事看似很平常，但真正的人脉资源往往是从公司内部开始建立，因而拥有好的人际关系也是必不可少的。众所周知，HR的工作如招聘、培训、考核等都离不开公司其他部门的支持和配合，需要各种资源，这需要优秀HR应具备良好的组织协调能力，尤其是跨部门的沟通能力，否则不仅影响到工作效率，而且影响HR在其他部门中的地位。一个人职场成功的大小往往与其综合能力的高低相关，而综合能力就是一个人的核心竞争力不可缺少的。张小洁所以能取代前任HR经理，与其表现出的较高的商业价值密不可分，因而她能够在企业中脱颖而出，成为快速晋升的职场精英。

如果你的个人核心竞争力强，你就比对手更具竞争优势，同在职场中，你比竞争对手更有价值。智商、情商、知识资源、工作经验、市场感觉等，这些隐性资源都可以成为你的核心竞争力。

由被动竞争转向主动竞争也是提高核心竞争力的重要方法。时势变化很快，我们要在竞争中赢得先机，就必须将适应环境为主的被动竞争转换为主动预测环境变化，积极应变，提前采取措施，提高个人核心能力。主动预测，给自己的职业旅程制造压力，克服惰性，克服工作惯性，主动预测工作的变化，才能做到有备无患。即使工作再忙也要花时间去做紧急但不重要的事情，花精力去想重要但不紧急的事情。

提高核心竞争力，使自己在职场游刃有余，要做到以下几点：

(1)业绩突出。很多人经常会抱怨得不到赏识，却不知自己的业务水平其实并不突出。有人也许会说谁谁一无是处也坐了某某位置，但反省自身，自己在业务上的成就离这个位置更近吗？机会只会给有准备的人，业绩往往会成为人才选拔的硬件指标，这就需要我们不断学习本领域最前沿的知识，更新我们的知识结构，不断提高业务水平。

(2)信息灵通。不要忽视公司里诸如文秘一类的人物，更不要轻视在公司里干了很多年却职级平平的老同事。因为文秘正是领导的眼睛和耳朵，公司老员工更是大浪淘沙后留下的珍珠。他们能为你提供很多有用的信息，反过来也可以影响领导对你业绩的评价。如果你在职场中能够掌握最新信息，在事情发生前有所准备，那么你就掌握了在竞争中获胜的先机。

(3)讲情重义。一个人对自己家人、同事、上级、老师的态度是其人品的体现，有些人对帮助过自己的老师、上级总是一脸不屑。其实，这种"教会徒弟饿死师父"的行为会让你"得不到秦琼的撒手锏，也学不到罗成的回马枪"。师父带徒弟总会留一手，先别得意太早。其他人会从你对待师长的态度来判断你的人品，如果你给人以这种不良印象，那么你的职场生涯就会举步维艰。

没人会专门花时间去了解你，所以你只能让别人看到你的表现来了解你，加深对你的印象。平时有事没事经常去其他部门和岗位转转，人事、财务等部门更是重点光顾对象，有事说事，没事混个脸熟，遇到个机会更要抓住不放，也许过不了多久，别人的成功就会给你带来机会。

也许你会在不经意间许下一个承诺，也许别人对你的承诺寄予了太多的期望，而你却无法履行，也没有合理的解释。没有金刚钻，别揽瓷器活。在职场中千万别随便给人承诺，一旦承诺就必须全力以赴，特别是对于他人职责范围之内的工作更是要小心谨慎，一个只会说大话却从不做实事的人是让人轻视的。

(4)尊重自己，用一句话来说就是“身在人上，把别人当人；身在人下，把自己当人”。很多人出于对自身职位和薪酬的考虑，对领导的指示不敢有异议，生怕意见相左，惹来领导厌恶，于是处处以领导的意志为转移，曲意奉承领导。会讨好领导的人固然可以一时得志，但从长远看，一个有处事原则的员工更让人信任。大树底下好乘凉，没有领导庇护的人是可怜的，而与领导关系过密的人往往会成为炮灰的不二人选，所以还是要与领导保持恰当的距离。尊重领导，不把难题随意丢给领导，和领导保持充分的沟通，但也不要亲近得对领导的私生活一清二楚甚至四处炫耀，否则消息散布之日，就是你走人之时。不离不弃、光明磊落的关系正是领导所期望的。身为员工，首先要对自己的职位负责，其次才是对领导负责。以为委屈自己的感受甚至是人格来博取领导同情和理解的想法是幼稚的，要知道领导最需要的是业绩，而不是顺民。

核心竞争能力是职业人士生存的利器，是体现个人商业价值的重要依据。无论你在哪家企业任职，也不管该企业是否知名，作为职业达人必须知道自己未来的发展方向和职业目标，并不断积累和提升自己的综合能力，加强执行力的培养，才能成为在某个领域不可被他人替代的优秀精英。

7 执行力就是竞争力

执行力通俗地讲就是把一件具体的事办好的能力。执行力的强弱往往取决于个人能力和工作态度。能力是基础,态度是关键。我们经常可以看到这样一种现象:在同一个企业里,同样的工作,有的人却能不断的进步,在企业里的薪水和地位日益提高,成为不可或缺的人物。是什么使一些人平庸,而使另一些人优秀?是态度!

执行力对于个人、对于企业、对于任何一个组织乃至国家来讲,都是一种竞争力。打造执行力的目的只有一个:塑造核心竞争力。要懂得客户的价值,懂得专注,懂得放弃,才会有真正的执行力和竞争力。

成功的执行者必不可少的一个素质就是,他们能够针对具体环境巧妙设计出解决问题的细节。企业很难靠战略取胜,因为战略是同质而且是易于复制的,差别恰恰就在于执行能否到位。应该牢牢地记住:执行是最重要的,执行力就是竞争力。

研究发现,世界一流的企业,尤其是世界公认的大企业,它们并不一定在战略规划上有多出色,但它们却表现出了卓越的执行力。

如果我们把企业看做是一支部队的话,我们就会发现执行力是尤为重要的。美国西点军校的许多理念和方法都被许多公司所推崇,并且显示出了明显的效果。在西点军校,军官向学员下达指令时,学员必须重复一遍军官的指令,然后军官问道:"有什么问题吗?"学员通常的回答只能是:"没有,长官。"在这里,每一位学员只要作出承诺,就表明他接受了军官赋予的责任和使命。

对于企业来说也是如此,员工的执行能力是创造业绩的关键。许多企业都非常重视这一点,并以此作为员工升迁的依据。

美国通用电气公司宣称，他们一旦确定一个策略，便可以在两个月内执行到位，这就是通用电气公司不断发展壮大的根本原因。可以想象，一名没有执行力的员工在通用是根本不能站住脚的。

美国的巴顿将军在他的战争回忆录中曾经记录这样一个细节："我要提拔人时常常把所有的候选人排到一起，给他们提一个我想要他们解决的问题。我说：'伙计们，我要在仓库后面挖一条战壕，8 英尺长，3 英尺宽，6 英寸深。'我就告诉他们那么多。我有一个有窗户的仓库。候选人在检查工具时，我走进仓库，通过窗户观察他们。我看到伙计们把锹和镐都放到仓库后面的地上。他们休息几分钟后开始议论我为什么要他们挖这么浅的战壕。他们有的说 6 英寸深还不够当火炮掩体。其他人争论说，这样的战壕太热或太冷。如果伙计们是军官，他们会抱怨他们不该干挖战壕这么普通的体力劳动。最后，有个伙计对别人下命令：'让我们把战壕挖好后离开这里吧。那个老浑蛋想用战壕干什么都没关系。'"最后，那个伙计得到了提拔，因为他的身上体现了一种自我执行的精神。

无论面对什么样的任务，都要记住自己的责任；无论在什么样的工作岗位上，都要对自己的工作负责，勤勤恳恳、认认真真地对待，除此之外，别无选择。要知道，接受了任务就意味着作出了承诺，就意味着要克服任何困难去执行。这是作为优秀员工必须具备的关键素质之一。

从某种程度上讲，现在是否优秀并不是最重要的。最重要的是，明天的你能否成为优秀的员工。而明天的优秀，则决定于今天的训练和培养。优秀的光环不是在某一时刻突然降临的，它需要你从现在开始有计划地训练，从点滴中积累，而不要等到明天，做无谓的叹息。

一个人在努力工作的过程中，不可避免地会遇到这样或那样的困难。那么，要战胜困难就要有敬业精神。敬业精神是提高执行力的一个重要职业品质。如果你在工作上敬业，并把敬业变成一种习惯，任何任务都能高效完成。这样一来，就能在自己的领域出类拔萃，这也是敬业精神的直接表现。

执行必须到位是执行的关键。三分决策,七分执行。决策再好,没有执行也不过是一句空话。

国外靠执行力最成功的例子是沃尔玛。沃尔玛的创始人山姆·沃尔顿开始从乡村包围城市,一点一滴拉大和竞争者之间的差距。例如光是偷窃的损失,沃尔玛就比竞争者少了一个百分点,这样的成果和3%的净利相比,贡献可观,而这就是执行力的具体表现。除此之外,沃尔玛还利用集中发货仓库每天提供低价商品,全国卫星联网的管理资讯系统等等,他们以这些看似平淡无奇的管理手法,创造出全球最大的百货公司。在过去四十年中,没有任何公司能成功地模仿沃尔玛,成功之道无他,唯执行力而已。

没有执行力就没有竞争力。成功的执行者必不可少的一个素质在于,他们能够针对具体环境巧妙设计出解决问题的细节,这些细节体现着一个人处理问题的原创性和想象力,因而也是这个时代最稀缺、最宝贵的东西。企业很难靠战略取胜,因为战略是同质而且是易于复制的,差别恰恰就在于执行能否到位。追求卓越也好,卓尔不群也好,关键在于对细节的把握。所以,在员工的心中应该牢牢地记住:执行是最重要的,执行力就是竞争力。

8 打造你的个人品牌

在这个竞争越来越残酷的时代,不论在什么样的组织里面,“默默耕耘”已经不再是平步青云的法宝,“做了好事不留名”也行不通了,因为人们接受你，不仅仅关注你的能力，也非常关心你的外在表现。

要想推动个人成功，要想拥有和谐愉快的生活，每个人都需要像那些明星一样，建立起自己强有力的个人品牌，让大家都真正理解并完全认可，只有这样，才能拥有持续发展的事业。

所谓个人品牌，是你给予他人的一种清晰的、强有力的正面形象，别人一想到你，这种正面的形象就会浮现在他们脑海中。它体现了你在别人心目中的价值、能力以及作用，是你职业生涯中的第二个自我，影响着别人对你的看法，而你要适时把别人对你的看法变成机会。

一个人的个人品牌能告诉别人三方面的信息：

(1)你是谁。

(2)你是做什么的。

(3)什么使得你与众不同，或者说你怎么样为你的目标市场创造价值。

如果你能刻意打造自己的个人品牌，把个人独特的价值有力地传达给那些你想与之合作的人，那么你将会获得非常大的收益。

阿玲刚刚来到新公司上班，因为她是由老板请回来的，所以年纪轻轻就当了部门的主管，但是很多同事都不待见她，觉得她也就是一"空降兵"，没什么真材实料。

最近公司在和一家实力雄厚的公司竞争一个大客户。老板非常重视这个项目，他决定让阿玲去和客户谈判。为了这次重要的谈判，阿玲和同事熬了几个通宵，终于把计划书赶了出来。第二天阿玲就带着计划书去见客户了。

可是当天下午，公司同事就发现阿玲并没有到客户的公司去和客户谈判，而是拿着计划书不知所踪。同事非常紧张，因为另外一家大公司也在争取这个客户，甚至有的人猜测她是不是故意拖延时间，好让对手争取到这个客户。

这些流言很快传到了老板耳朵里，老板则一直沉默。

两天以后，阿玲回到公司，手上拿着已经签好的合同。原来阿玲打听到客户那边真正的大老板这几天在外地，于是她也追到了外地，并最终和客户方的大老板签订了合同。

事后当有人问老板为什么这么相信阿玲，难道不怕阿玲拿着合同到竞争对手的公司去吗？老板说："当初请她过来并不仅仅是因为她的能力强，还因为她有良好的职业道德，她在行业内已经形成了她的个人品牌。我相信她不会砸了自己的招牌。"

阿玲因为自己的品德附加值让老板赏识自己、信任自己，这就是她的个人品牌的效应。在职场中，个人品牌就好像一张通行证，能在关键时刻让你获得更多的资源，更多的机会大胆地展示自己。

所以，现在你也应该开始着力打造自己的个人品牌，只要你是有目的地塑造自己，那么你离成功就越来越近。

你可以通过学习以下四个步骤帮助自己创建属于你的个人品牌。

(1)选择目标市场

你具备的特征、你的从业经历、你的性格特点以及你可以调动的资源是你创建个人品牌的基础。通过分析这些因素，你可以确定出你要从事的领域，勾勒出你的个人发展蓝图。

很多人在职业生涯中遭遇失败，是由于自己没有准确定义自己的发展方向。比如你是从事 IT 行业的，那么你可以通过你在 IT 行业的经验、拥有的客户资源等，确定你是把自己打造成为一个 IT 技术专家，还是 IT 营销专家。

(2)进行准确的"个人品牌定位"

和企业的品牌一样，打造个人品牌，也需要准确的品牌定位。品牌定位是如何围绕你确立的目标市场，体现出你的独特价值。换言之，就是如何让你从事的领域的潜在客户，选择你而不是别人，那么你需要做的就是告诉大家你为什么和别人不一样。

(3)制定个人品牌战略

在做好你的个人品牌定位之后，你需要结合你对市场的判断，来制定出你的个人品牌战略。

和企业一样，你的个人品牌战略一定要结合自己的实际，客观地分析市场来确定，并要注意长期利益和短期利益的有效结合。

(4)丰富个人品牌的内涵

个人品牌最重要的是个人能力和口碑。一方面，你的个人业务技能必须在你定位的领域里面是高水平的，这样让目标客户对你满意并且忠诚；另一方面，你还必须具备较高的道德规范，让你做人处事之道在行内具有较好的口碑。

如何在人才辈出的社会中脱颖而出？如何在求职的过程中占据有利位置？需要的就是个人品牌。

任何人对于社会来说都是一种独特商品，而要让商品给别人留下深刻的印象，这就需要品牌。只有把自己当做一个品牌来经营，才能在人才济济的职场中稳坐钓鱼台，才能不断地获得更大更好的平台来展示自己。

个人品牌是一个人才的附加值，就像一个企业的品牌，它不是什么实在的东西，而是给消费者的一种质量的保证。这样一种附加值不是简单地叠加在自己身上的一些特点，而是作为一个人才而具备的各种能力。

所以增加自己的附加值、建立个人品牌是非常必要的。把自己的能力和品格整合成为一个独立完整的品牌，才能形成核心竞争力，在职场中永远不败。

9　“分外”的工作也不能忽视

最受领导重视的员工是这样一些人：有着强烈的团队责任感，懂得同事之间只有团结协作。这样的团队才会取得成绩。那么，有时同事请他们帮点小忙，例如：修理一下电脑、发个快递这类分外的事，他们也尽心尽力；当上司遇到难题的时候，他们从不觉得上司的事与我无关，而是积极给上司出谋划策，并协助排解困难；有些时候，即使没有人交代给他们工作，只要在他们的能力范围之内，他们都会主动去工作并完成得非常出色。

能够在做好自己本职工作前提下，再做些分外工作，这样的员工到哪里都会受到领导的重视，也就更容易在关键时刻得到提拔。

想要成为一名优秀的员工，在工作中，就不要强调分内分外，分内的工作是你应该完成也是必须完成的；而分外的工作则是你在时间允许且完成了自己的本职工作的前提下，能尽量去多完成的事。

很多员工在工作中，最容易出现的误区就是过分强调分内分外，认为自己只要把自己应该做的事情做完了就行，其他不该自己完成的活儿，从来都不做。有的员工还会有这样的一种想法："我多做了，又没有人给我加工资，我干吗要做这样出力不讨好的事？"

什么是应该做的？什么又是不应该做的？有的刚毕业的大学生被称为"职场新生代"，平时在家在学校都不免有些养尊处优，大事做不好，小事不屑做。与同事的相处过程中，一些鸡毛蒜皮的小事都容易怨声载道。其实在工作的过程中，在合理的情况下，多帮助别人的工作，不仅让自己丰富经验，而且还能促进团队的和谐。

作为领导，都喜欢在完成本职工作后，能主动帮助其他人完成工作的员工。因为这样的做法实际上就是在帮整个团队。所以，对于分外的工作更要出色地完成。

上司并非全才，在工作中，他也会遇到许多头痛的问题。这些问题也许不是你的分内工作，可是这些难题的存在却阻碍着团队的前进。一个出色的员工，无疑会主动帮助上司解决这些难题。

卡尔是某学院的部门助理，他的老板罗格负责管理学生和教职员工。极其糟糕的签到系统使学生们常常因还未上课就被记名，许多班级拥挤不堪，而另一些班级却又太小，面临被注销的危险。

意识到罗格承受着改进学生签到系统的压力，卡尔自告奋勇组织攻关，负责开发一个新的体系。上司高兴地同意了他的意见，于是，这个攻关小组开发出一个完善的签到系统。对卡尔组织开发成功的这套系统，罗格给予了高度赞扬。

在之后的一次组织机构改组中，罗格升任为主任，随即卡尔被提升为副主任。

一般说来，做个有心人，始终做到眼里有活并能将这些“分外的工作”做好，往往会成为企业的中坚力量，成为最可爱的员工。

率先主动是一种极珍贵、受世人看重的素养，是优秀员工必须具备的质素。它能催促你主动完成分内与分外备受关注的事，会使你从竞争中解脱，使你引起上司、委托人或顾客的注意，并赢得他们的信赖。

永远眼里有活儿，做事积极主动，能尽职完成职责范围以外的事的人，不但会驱策自己快速前进，而且更能赢得辉煌的未来！

附　录

测试1　你的升职空间大吗

一日,你在遥远的异乡镇上疲惫地走着,饥寒交迫。来到一条街道,两里左右长。街道的两边满是住户,只有三三两两的灯亮着,门前竖着布挂,上书客栈或食铺。放眼望去,能看见的也就三四家,你会选择怎样的方式吃饭和投宿?

A. 选择最近的这一家,老板娘漂亮风骚,不过店面一般,条件一般。

B. 稍远一点的店面,老板娘小家碧玉,还有几味招牌菜,店面看起来整洁大方。

C. 再远一些的店面,老板娘气质独特,店面前两只雄狮把门,门外两个壮汉热情招呼。

D. 最远的那家,老板娘忠厚老实,菜品家常,还有一壶温好的竹叶青。

E. 在第一家店吃饭,到第四家店住宿。

解析:

选择A

有上进心,可是总是受到身边太多事物的诱惑和干扰,不能坚持到底。面对升职的机会,往往没有及时把握。对现有职位抱有不满,却没有勇气立刻改变现状。大多数人徘徊在普通职员阶段。

忠告:专心地做一件事情,排除身边的干扰。

选择B

比较有耐性,对前途有自己的规划,并且有条不紊地向着目标前进。

面对升职的机会,通常仔细考虑,权衡利弊。往往能抓住机会,但是因为过于在乎得失,缺少大将风度,升职的空间有限。通常徘徊在科长、部门经理阶段。

忠告:得到之前必须失去,不能太计较。

选择 C

考虑问题有独特的视角,做一件事情通常喜欢有样有式。喜欢大气的工作氛围,敢于使用有特殊才能的人。对职务的把握能力比一般人强,喜欢自己周边都是地位显赫之人,更想融于其中。升职的欲望比较大,一有机会,决不放过,处处有心。通常在副总阶段找寻出路。

忠告:欲望需要控制,中国人不喜欢太张狂的后生。

选择 D

喜欢踏实地工作,踏实地生活。对工作的认识仅限于工作,对家庭的期盼远过对升职渴望。认真地对待每一件事情,是个不折不扣的好员工,可是缺乏组织和领导能力。通常是个副手的角色,或是研发人员。

忠告:工作也可以充满激情,调试自己的心情。

选择 E

是个活跃分子,通常能够让领导有面子。喜欢享受人生,但是不忘记时刻提醒自己的最终目的所在。做事情有很强的针对性,目标明确。喜欢衡量,算计,会充分利用自己的和周边环境的优势。面对升职的机会,牢牢抓住,甚至自己制造机会。深谋远虑,步步为营。潜力很大,即使现在不在领导岗位,将来也大多会升迁。

忠告:小心机关算尽,多留点余地给别人。

测试 2　测你事业的黄金期何时到来

现在你被关在一个密室里,在你的眼前有一颗定时炸弹,即将引爆。

你盯着炸弹上的数字直发抖，用你的直觉想一想，你认为还剩下几分钟炸弹就会爆炸了？

A. 10分钟之内。

B. 11分钟到25分钟之间。

C. 26分钟到40分钟之间。

D. 40分钟以上。

解析：

A. 10分钟之内

你的才能在三年之内将会出现，而且是在你完全没有心理准备的情况下突然出现的。你不妨试着挑战，那些认为搞不好你也能做得到的事，事情的结果将会令人满意得吓一跳。

B. 11分钟到25分钟之间

你的潜在才能将在不久的将来（三到七年之间）出现。你要一直持续你有兴趣的事情，总有一天，你会比别人更上一层楼。所以若是现在还没有成功，请不要气馁，继续努力。

C. 26分钟到40分钟之间

你需要一点时间，才能才会出现。从现在开始算起约十年后，就是你最有希望的时期。而且在这期间，你会经历一次很大的转变，多多拓展你的人缘，将会对你有所帮助。

D. 40分钟以上

是属于大器晚成型。你需要十年以上的时间，才能才会出现。把年轻时所得来的经验累积起来，将是你日后一笔庞大的财产。建议你有机会多看看书，多和人接触、交往，将会无往不利。

测试 3 什么性格阻碍你职场成功

前些日子你才刚以竞标的方式向 A、B 两家公司提出要求，要他们为你所负责的商品制作广告。某天下午，你收到一样没有署名寄件人的礼物，不过，你心里有数，看来这份礼物可能是其中一家公司寄来的。请问在这种情况下，你的反应比较接近下面哪一个答案。

A. 先确认送礼的人是谁之后，再委婉地回绝对方。

B. 总之，先打开来看看。如果是自己喜欢的东西，就先收下。

C. 跟上司商量看看再做决定。

解析

A. 因过于受到道德观念的束缚，有不懂得变通的倾向，想必大概是自幼父母管教严格，丝毫不敢越轨。但若想在事业上有所成就的话，就必须在各方面寻求自我的突破。不过，潜意识却害怕如此，因而产生矛盾的心态。建议你不妨慢慢调整自我，而不要突然地做太大的转变。

B. 可以看出贪小利的心态。选此答案的人，从某个意义上来说，是对自己的人格特质有着强烈执著的人。在你的观念里，成功不等于自己的立场。因此，对工作似乎也不太起劲，不过，请不要忘记，甚至有很多女性，即使结婚生子之后，仍然坚守工作的岗位。

C. 表示有依赖心或逃避责任的心理。选此答案的人，具有拒绝长大的倾向。因为有不愿成为大人的心态，所以，在无意识中会认为成功等于必须为工作负责。建议你不妨冒险为自己的事业做一番赌注。或许会为你带来意外的刺激。

测试 4　哪种减压方式最适合你

你接受朋友的邀请，一起乘船出海去玩。当天天气非常好，你的心情也很愉快。在海上钓了一阵子鱼之后，就决定先暂时休息一下。于是你们便把锚抛下，在海上预定停留两个小时左右。这时候，你觉得你会选择在哪里休息呢？

A. 到船的最上层去。

B. 到船头的甲板上去。

C. 到船舱里面去。

D. 到船尾去

解析：

选 A，表示你很在意在别人面前的表现。你可以去吃吃自己喜欢的食物或是逛逛街买买东西等，都可能转变你的心情。心情好，你的工作就会进行得非常顺畅。

选 B，在你的心底深处，一直都抱着“想要到外地去旅行”的念头。建议你不妨到国外走走或是泡泡温泉也不错。如果这两样都暂时没办法实现，那去看海也是很好地解除压力的方法。

选 C，当你感到郁闷或是心情黯淡的时候，不妨以你为中心办一个聚餐或是去 K 歌也不错。在朋友们面前把你心中不满的话全部都倒出来之后，你的压力也会消除许多吧。

选 D，你现在的精神和体力都相当地疲劳，什么事也提不起劲来做。这样的你最适合休息的方式就是：把你的电话线拔掉！将工作或是课业都暂时抛到一边去。如果什么都不做无法让你静下心来的话，建议你看看书或是录像带。这样过两、三天之后，等到你的心中有“想做事的感觉”时，再去恢复你的工作。

开心时刻

如此删改

尤金·G·欧尼尔(1888—1953年),美国著名剧作家,曾获1936年诺贝尔文学奖。

和许多作家一样,欧尼尔最不喜欢别人要他删减他的作品。

一次,导演兼剧作家拉塞尔·克劳斯要求他把剧本《啊,荒芜的地方》缩短一些,他很不情愿地答应了。第二天,他打电话告诉克劳斯说已减少了15分钟。导演听后又惊又喜:

"太好了,我马上来取修改过的剧本。"

等他到了欧尼尔办公室后,作者向他解释说:"哦,剧本本身并没什么改动,但你知道,这出戏我们原先一直分四场演出,现在我决定把第三个幕间休息省掉。"

头顶和臀部

美国剧作家马克·康奈利(1890—1980年),最突出的特征是他的难寻一毛的秃头,有人认为这是智慧的象征,也有人拿它取笑。

一天下午,在阿尔贡金饭店,一位流里流气的中年人用手摸了摸康奈利的秃顶,讨他便宜说:"我觉得,你的头顶摸上去就像我老婆的臀部那样光滑。"

听完他的话,康奈利满脸狐疑地看了看他,然后他也用手摸了摸,回答说:"你说得一点不错,摸上去确实像摸你老婆的臀部一样。"

飞机遇险前后

1951年,美国喜剧作家斯克尔顿(1913年出生)和他的几个朋友乘飞机去欧洲观光,他本人还将在伦敦雅典娜剧院出演。

当他们飞越阿尔卑斯山时,飞机的3个引擎突然熄火。情势非常不妙，大多数乘客惴惴不安地开始祷告起来。

当飞机很快地降低高度抵近不祥的山巅时，斯克尔顿扮演起他最好的剧目中的一个逗人角色，以分散乘客的注意力。

但许多人仍一本正经地祈祷着。

在最后的一刹那，驾驶员把飞机稳稳地停在了一片陡峭且开阔的斜坡上。乘客们像逃离了地狱般地高兴起来，而斯克尔顿说："现在，女士们，先生们，20分钟前的坏习惯可以恢复了。"

与狗商量

印度作家泰戈尔(1861—1941年)接到一个姑娘的来信："您是我敬慕的作家，为了表示我对您的敬仰，打算用您的名字来命名我心爱的哈巴狗。"

泰戈尔给这位姑娘写了一封回信："我同意您的打算，不过在命名之前，你最好和哈巴狗商量一下，看它是否同意。"

奇妙的建议

1848年那不勒斯的一家报纸刊登了意大利歌剧作曲家罗西尼(1792—1868年)答复一位先生提问的公开信。

那位先生的信是："我有一个侄子是音乐家，他不知道怎样给他作的歌剧写序曲，您曾写过那么多歌剧序曲，是不是可以给出出主意？"

罗西尼在他的信中提出了七个建议，其中之一是：

"……我写《奥赛罗》的序曲时，是被剧院老板锁在那不勒斯的一家旅馆的小屋内，屋内有一大碗水煮面条，连根绿菜都没有。这个头最秃、心最狠的老板威胁说：'如果不把序曲的最后一个音符写完，甭想活着出去。让您的侄子试试这个法子，不让他尝到鹅肝大馅饼的迷人香味……'"